# 最新 フランス料理

新装増補版

日常の料理から本格派まで

# 最新フランス料理 新装増補版
## CONTENTS

## 1 アミューズ・前菜

| | |
|---|---|
| そら豆とパルミジャーノ 8 | にんじんのポタージュ 19 |
| オリーブオイル 9 | マスのタルタル　トマトのクーリ 20 |
| マグロのクリュー 10 | サーモンマリネ 21 |
| 帆立のバジルソース 11 | いろいろな貝類のエッセンス 22 |
| ノドグロの瞬間マリネ 12 | マンゴーとオマールのアンサンブル 23 |
| トマトのマリネとオリーブ　サーモン 13 | オマール海老と魚介類のトマトファルシー 24 |
| 甲殻類の冷たいコンソメと<br>ラングスティーヌ　カニ 14 | 帆立のムース 25 |
| 牛肉のカルパッチョ 15 | マグロのカルパッチョ 26 |
| ホワイトアスパラガスのロースト<br>フルーツトマト添え 16 | ヒラメのカルパッチョ 27 |
| アミューズ<br>グージェール　ブルスケッタ　生ハムスティック 17 | 魚介のマリネ 28 |
| 根セロリと生ハムのサラダ 17 | サーモンマリネのサラダ仕立て 29 |
| 新玉ねぎのエッセンス 18 | マグロとアボカドのタルタル 30 |
| 冷たいそら豆のスープ 19 | 白身魚のフラン 31 |
| 冷たいかぼちゃのスープ 19 | 白身魚のスープ仕立て 32 |
| | クラムチャウダー風スープ 33 |
| | 白身魚のポワレ　旬のキャベツのソース 34 |

## 2 野菜たっぷりの魅力料理

| | |
|---|---|
| レギューム　春2016 36 | メバルのポワレ　若筍のソース 45 |
| ズッキーニ 38 | イサキのポワレ　サラダ仕立て<br>バジルソース 46 |
| きのこのフリカッセ 39 | 真鱈の白子のポワレ　サラダ仕立て 47 |
| 焼き野菜のマリネ 40 | 白身魚のフリット　自家製カレー粉風味<br>れんこんチップ添え 48 |
| ポワロー　ビネグレット 41 | 帆立のクレピネット包み　サラダ仕立て 49 |
| ニース風サラダ 42 | 温かいクロタンのサラダ 50 |
| ラタトゥイユ 43 | |
| きのこのパートフィロ包み 44 | |

## 3 旨味の肉料理

| | |
|---|---|
| バベットのグリル　ソース・トリュフ　52 | 骨つき豚背肉のロースト<br>きのこのマデラソース　63 |
| 牛ばら肉の赤ワイン煮　53 | 鴨の軽い燻製　クレソンのサラダ添え　64 |
| 仔牛のカツレツ<br>フレッシュトマトのソース　54 | 鴨胸肉のポワレ　イチジクのソース　65 |
| バベットステーキ　焦がしバターソース　55 | 蝦夷鹿のポワレ　カシスソース<br>焼き野菜添え　66 |
| 仔羊のポワレ　4種のカリフラワー　56 | 文旦と若鶏のフリカッセ　67 |
| 仔羊のポワレ　58 | 牛タンとじゃがいものラビゴットソース　68 |
| 仔羊と夏野菜のパイ包み焼き　59 | 牛テールとじゃがいものコロッケ<br>きのこのマデラソース　69 |
| 骨つき豚のグリエ<br>バニラ風味のキンカンのコンポート添え　60 | リー・ド・ヴォーのポワレ<br>ロックフォール添え　70 |
| フランスの鳩と芽キャベツ　ジュのソース　61 | |
| 豚肉と白いんげん豆のトマト煮　62 | |

## 4 繊細な味わいの魚介料理

| | |
|---|---|
| 鮎のポワレ　バージョンヴェール　72 | 白身魚のオランデーズソース　80 |
| ホワイトアスパラガスのグラタン<br>帆立のポワレ　74 | クスクスをつけたヒラメの温製<br>トマトの冷たいクーリ添え　81 |
| ハタと筍の一皿　75 | サーモン・ミ・キュイと<br>5種のトマトのアンサンブル　82 |
| アイナメのポワレ　バージョンブラウン　76 | オマール海老のフリカッセ　83 |
| スズキのポワレ　ブールブランソース　77 | 白身魚ときのこのクレピネット包み　84 |
| 真鯛のポワレ　シャンパンソース　78 | |
| 魚のポワレ　軽い赤ワインのソース　79 | |

## 5 フレンチスタイルの一品料理

| | |
|---|---|
| ドウフィノワーズ<br>じゃがいものグラタン　86 | じゃがいもと白身魚のガレット　91 |
| 牛肉と野菜のポトフ　87 | ヒラメのアロマット　92 |
| 魚介のグラタン仕立て　88 | クスクス　93 |
| 豚肉の香草パン粉焼き　89 | ベーコンとほうれん草のキッシュ　94 |
| 里芋と白身魚のフリット　カレー風味　90 | クロックムッシュ　95 |
| | エスカルゴのフリカッセ　96 |

# 6 盛り込み・取り分け料理

| | |
|---|---|
| 牛フィレ肉のロースト | 98 |
| 仔牛のロースト　マスタードソース | 99 |
| 仔羊のもも肉のロースト | 100 |
| 丸ごと地鶏と野菜のポトフ | 101 |
| プーレ・ロティ | 102 |
| 鶏肉のバスク風煮込み | 104 |
| うさぎ背肉とラングスティーヌのロースト　きのこのマデラソース | 105 |
| 鴨のコンフィ | 106 |
| エイヒレのロースト　焦がしバターソース | 107 |
| カサゴのロースト　オリーブとトマトのソース | 108 |
| ブイヤベース | 110 |
| サーモンのパイ包み焼き　アサリのソース | 111 |
| グリーンアスパラガスと卵のパルミジャーノ風味 | 112 |
| アッシェ　パルマンティエ | 113 |
| デザートビュッフェ | 114 |
| 栗と木の実のタルト | 116 |
| ガトーショコラ | 117 |
| クレーム・キャラメル | 118 |
| 紅茶風味のクレーム・ブリュレ | 120 |

# 7 魅了するデザート

| | |
|---|---|
| キンカンのジュレ | 122 |
| わらびもち | 123 |
| ブランマンジェ | 124 |
| キャラメル　2016 | 125 |
| ショコラドーム　サプライズ | 126 |
| チョコレートのテリーヌ | 127 |
| オペラ | 128 |
| ムースショコラ ソルベ レカプチーノ仕立て | 129 |
| プロフィトロール | 130 |
| プティフール | 131 |
| 桃のロースト　アイスクリーム添え | 132 |
| グラタン・オ・フレーズ | 133 |
| プラムの赤ワイン煮 | 134 |
| フルーツのスープ | 135 |
| りんごのパートフィロ包み　アイスクリーム添え | 136 |
| バナナのムース | 137 |

## 基本のフォン（だし）

- フォン・ブラン　138
- フュメ・ド・ポワソン　139
- ブイヨン・ド・レギューム（クールブイヨン）　139
- コンソメ　141
- フォン・ド・ボー　140

## 本書に登場するソース

- バジルソース　142
- ビネグレットソース　142
- クーリ・ド・トマト　143
- マヨネーズソース　143
- 筍のソース　144
- カレーソース　144
- ソース・トリュフ　145
- フレッシュトマトのソース　145
- 焦がしバターソース　146
- イチジクのソース　146
- きのこのマデラソース　147
- カシスソース　147
- ラビゴットソース　148
- ベシャメルソース　148
- ブールブランソース　149
- シャンパンソース　149
- 軽い赤ワインのソース　150
- モルネーソース　150
- アメリケーヌソース　151
- ジュのソース　151
- オランデーズソース　152
- キャラメルソース　152
- サバイヨンソース　153
- アングレーズソース　153

## 基本の調理技法

- 塩の振り方　154
- モンテ　154
- アロゼ　154
- スュエ　154
- ポワレ　155
- シズレ　155
- メランジェ　155
- デグラッセ　155

## よく使われる調理手順

- サーモンマリネ　156
- グージェール　156
- カルパッチョ　157
- 鴨の温燻　157
- コンフィ　157
- ツナ　158
- ポム・ロティ　158
- ポム・ピューレ　158

●日常の料理から本格派まで　最新フランス料理　新装増補版　[作り方]　159

---

**本書をお読みになる前に**

- 小さじ1は5cc、大さじ1は15ccです。
- バターはエシレの無塩バター、胡椒は白胡椒、ハーブは基本的にフレッシュのものを使います。生クリームは乳脂肪分47％のものです。
- オリーブ油は、加熱用はピュアオリーブ油を使い、それ以外はエクストラヴァージンオリーブ油を使っています。
- 調理時の加熱時間や温度はあくまで目安です。調理器具や調理場の条件などで変わりますので、調節しながら対応してください。
- 138〜153ページの「基本のフォン・本書に登場するソース」のルセットの分量は、基本的に1回にまとめて作りやすい量として表記しています。8〜13ページのアミューズのルセットは量が少ないため、適量と表記しています。

柳舘　功

1962年東京生まれ。幼い頃から料理に興味を持ち、中央大学文学部卒業後、87年に渡仏。『レカミエ』『タイユバン』『ボワイエ』（現在は『レ・クレイエール』）等で修業し、90年に帰国。97年に東京・青山に『REIMS YANAGIDATE』をオープンし、着実に評判を獲得。特にここ数年は個性的な魅力のアミューズ等で女性客の人気を集めている。現在、『Le REMOIS』『UT cafe BERTHOLLET Rouge』等も経営。著書に「最新フランス料理」「Repas du Personnel ―『ランス YANAGIDATE のまかない料理』」「フランス料理 ソースの新・技術教本」「新技法のアミューズ」（いずれも小社刊）がある。

※本書は「最新フランス料理」（柳舘功著）をベースに、新たに撮影した料理を加えて「最新フランス料理・新装増補版」として1冊にまとめたものです。

# 1 アミューズ・前菜

アミューズは、最初に出す小さな料理。季節感のある材料やおすすめの素材などを活かしてお客様を楽しませる。前菜はメインディッシュの前に出し、次に続くメインを期待させる料理。いずれも素材づかいや手法の自由度が高く、多彩な味わい・表現力が発揮できる。ただしコースの流れをグッと楽しくする役割が求められる。

# そら豆とパルミジャーノ

そら豆とサマートリュフのアミューズ。そら豆は削ったパルミジャーノと組み合わせてチーズの旨味をプラスし、その塩分とオリーブ油、そしてサマートリュフとともに楽しんでいただく。器はハンドメイドのガラスで、本来は食器ではないもの。料理人のイマジネーションを刺激してくれるので、積極的に使うことがある。

# オリーブオイル

料理名をあえて「オリーブオイル」とし、グリンピースの持つ甘味や風味を、モツァレラチーズをからめてオリーブオイルで楽しむアミューズ。グリンピースは茹で加減が難しく、やや手間がかかるが、モツァレラチーズ・オリーブ油との組み合わせが新鮮で、印象に残る味と好評だ。ハンドメイドのガラスのレンゲを器にする。仕上げに岩塩とたっぷりの白胡麻をふる。

1 アミューズ・前菜

※作り方は 160 ページ

# マグロのクリュー

赤い色が鮮やかなマグロのカルパッチョを薄く切って並べ、マイクロサイズの野菜で華やかに飾る。マグロにはフォン・ブランを煮詰めてオリーブ油とレモン汁を加えたソースをぬる。マグロをこのようにして食べたことはないと、喜ばれる。器はもともとはオブジェとしてのもの。クリューとは生という意味。

# 帆立のバジルソース

ひと口サイズの帆立貝に、種々のマイクロサイズの野菜をふんわりとのせ、脇にバジルソースを添える。シンプルだが、複雑な味わいを楽しませる。リズミカルな盛り付けがポイント。器は本来はガラス製のブックエンドで、器使いも楽しませる。

※作り方は 161 ページ

1 アミューズ・前菜

# ノドグロの瞬間マリネ

アミューズで魚料理を使うときは、旬の高級魚を最初に出して、インパクトを打ち出すことが私のやり方。その後のメイン料理への期待を高めるためだ。写真はノドグロと新玉ねぎを揚げ、ビネグレットソースとからめたもの。ほどよく冷ました状態で供し、脂の乗ったノドグロと新玉ねぎの甘味を味わっていただく。

※作り方は161ページ

1 アミューズ・前菜

## トマトのマリネと
## オリーブ　サーモン

サーモンマリネと一緒に味わうことで、トマトの味が印象に残る前菜。トマトは、味が濃いものと、やさしいタイプのもの、果肉がかたいものややわらかいもの、甘いものと酸っぱいものなどを取り合わせ、味わいを広げる。サーモンマリネは生食用のタスマニアサーモンで仕込む。このカクテルグラスは、カップのラインの広がり方が中の料理を美しく見せ、盛り付けがしやすい。

※作り方は162ページ

※作り方は 162 ページ

### オマールとラングスティーヌのコンソメ

このコンソメの手順は基本的に P.141 のコンソメと同じで、最初にオマール海老とラングスティーヌでフォンを取り（写真1・2）、その次に牛スネ肉と香味野菜に卵白を混ぜ込んだものを加えて煮出す（写真3）。通常のコンソメに比べ、海老類を使ったコンソメは、クリアに仕上げることに技術が要る。

※作り方は 163 ページ

## 牛肉のカルパッチョ

白身魚やタコ、マグロ、サーモンなど、さまざまな食材で作られているカルパッチョ。原点はやはり牛肉で、とろけるようにやわらかなロース肉を、たっぷりの野菜と酸味のきいたビネグレットで提供する。牛肉は、ヒレやモモでもよい。

## 甲殻類の冷たいコンソメとラングスティーヌ　カニ

オマール海老とラングスティーヌをだしにして取ったコンソメを使う前菜。もともと、温泉卵やウニ、オマール海老、キャビアをコンソメのジュレと組み合わせたスペシャリテがあり、コンコメのだしを甲殻類でアレンジ。その味を知っているお客様は、すぐにコンソメの違いとそのおいしさに気づく。茹でたズワイガニ、サマートリュフ、野菜類、ハーブを華やかに盛る。

アミューズ・前菜

※作り方は 163 ページ

# ホワイトアスパラガスのロースト
# フルーツトマト添え

ホワイトアスパラガスはフランス人の大好物で、初夏にはなくてはならない重要な野菜。オランデーズソースを組み合わせて焼く料理が代表的だが、ローストしたこの料理は、ホワイトアスパラガスの苦味と甘さをいっそう強く感じる。生野菜と一緒にビネグレットソースで味わう。

# アミューズ
## グージェール
## ブルスケッタ
## 生ハムスティック

おつまみの盛り合わせ。"グージェール"はワインやシャンパンとは名コンビの塩味のシュー。ブルゴーニュのレストランでは定番のアミューズだ。生地はいわゆるシュー生地で、P.130のプロフィトロールと基本は同じ。ブルスケッタはイタリア料理の前菜やおつまみ料理で、トマトをバルサミコ酢やオリーブ油で調味する。グリッシーニはイタリア発祥のスティック状のパン。

※作り方は164ページ

# 根セロリと
# 生ハムのサラダ

香りがよく、歯ざわりのよい根セロリはフランスではポピュラーで一年中手に入る野菜。これは、相性のよい生ハムを組み合わせた手軽なメニューで、フランスでクリュディテと呼ぶ生野菜サラダの中の定番中の定番だ。生クリームを加えた自家製マヨネーズでさっと和える。このソースのことをレムラードソースと呼ぶ。

※作り方は164ページ

# 新玉ねぎのエッセンス

新玉ねぎならではの瑞々しさと甘味を楽しませる冷製スープ。新玉ねぎとじゃがいもを、素材自体の水分で約1時間蒸し煮し、ピュレにしてベースを作り、生クリームと牛乳でのばす。ガラス製の器は、本来は花器でのものを活用。

### 新玉ねぎの煮方
1. 新玉ねぎを半分に、じゃがいもをひと口大に切り、火にかけた鍋に入れる。
2. 野菜の水分を引き出すための水と塩を加え、ふたをして弱火で1時間蒸し煮する。

※作り方は164ページ

## 冷たいそら豆のスープ

そら豆の甘味をたっぷりと取り入れたスープ。提供できる期間が短い豆類は、季節感を伝える重要な食材だ。ポワロー、玉ねぎ、ベーコンをよく炒めてフォン・ブランで煮てから、ピュレ状にしたそら豆を合わせる。中央にコンソメジュレを盛り、初夏らしい爽やかさと透明感を印象づける。

コンソメジュレは、コンソメスープを沸かし、水でふやかしたゼラチンを加えて溶かし冷蔵庫で冷やしたもの。コンソメ100ccに対し、ゼラチン2gが加える目安。

## 冷たいかぼちゃのスープ

かぼちゃとポワローをじっくりと炒め、フォン・ブランを加えて煮出したスープ。夏場も冬も喜ばれる。材料を汗がかくようにていねいに炒めることをスュエといい、その手間を惜しまずに野菜の甘味を引き出す。ポタージュスープの基本となる重要な調理である。

## にんじんのポタージュ

フランス料理の世界ですっかり定着した、泡立てるという手法を取り入れたポタージュスープ。もともと人参の甘味と香りがぎゅっと詰まっており、さらに泡立てることで上品な口当たりになり、軽やかさが表現できる。

※作り方は165ページ

# マスのタルタル トマトのクーリ

定番としてよく仕込むサーモンマリネをマスでアレンジ。仕込み方はほぼ同じで、サーモンよりさっぱりしたおいしさを楽しませる。サケやマスのマリネには、オリーブの実とアネットを組み合わせることが大切。中でも黒オリーブは、ニース産の旨味が強く塩分を控えたものが、味の面で重要な役割を演じる。

※作り方は 166 ペー

※作り方は 166 ページ

1 アミューズ・前菜

## サーモンマリネ

クセがなく、舌の上でとろけるようななめらかな自家製サーモンマリネ。少し多めに仕込んでおくと、クリスマス前後のイベントシーズンには活躍する。さわやかなバジルソースだけでなく、クーリ・ド・トマトやグレープフルーツの搾り汁を加えたビネグレットソースも好相性。

## いろいろな貝類のエッセンス

前菜と主役の料理の間にお出ししたい、春先のスープ。主役は蛤で、和食でなじみのある蛤のだしが、オリーブ油が加わることで和食とは別世界の風味になる。ここでは赤貝、トリ貝、帆立貝も加え、4種類の貝が融合した複雑な風味を楽しませる。卵型の器は小物入れ。

蛤は、白ワインやフォン・ブランで1分ほど煮て、殻があいたらすぐ取り出し、身をはずす。

# マンゴーとオマールの
# アンサンブル

オマール海老を、季節のフルーツと組み合わせる前菜の一品。ここで使ったフルーツはマンゴー。桃やみかんも相性がよく、季節ごとにフルーツを変えてオマール海老とのマリアージュを楽しませる。フルーツはどれも甘味も酸味、そして香りがしっかり強いものを選ぶ。マンゴーは宮崎産かオーストラリア産を使用している。

※作り方は167ページ

※作り方は167ページ

## オマール海老と
## 魚介類のトマトファルシー

海老と帆立貝をフルーツトマトに詰めた、可愛らしい一皿。クーリ・ド・トマトの彩りも効果的。トマトは味が濃くてトマトとしてコクのあるものを選ぶことが大切。最近は出回るトマトの種類が増えたので、おいしいトマトとの出合いも楽しい。海老はオマール海老以外に、ブラックタイガー、大正海老などもよい。

アミューズ・前菜

※作り方は 167 ページ

# 帆立のムース

帆立の甘味と、ふわっとした食感が心地よいムース。フードプロセッサーを使えば、意外に手間はかからずに仕込める。蒸したムースは、冷蔵庫で数日間は保存できる。

ムース生地は、生クリームを加えてからはざっくり合わせる程度にフードプロセッサーにかけ、生クリームが分離しないようにする。

※作り方は 168 ページ

1 アミューズ・前菜

※作り方は 168 ページ

## ヒラメのカルパッチョ

刺身で食べられるたいていの白身魚は、パルミジャーノと相性がよく、カルパッチョに仕立てておいしいもの。白ワインにはおすすめの料理だ。彩りのよいバジルソースは、香りもよく食欲をそそり、カルパッチョに不可欠な存在。

## マグロのカルパッチョ

日本人になじみ深いマグロをカルパッチョとして提供。マグロはバルサミコ酢やにんにく、フレンチマスタードとも相性がよく、わさび醤油以外の味わいに驚くお客様も多い一品だ。マグロは赤身の方がこの料理には向く。マグロにぬるビネグレットに、にんにくを揚げて風味づけしたオリーブ油を使うと香りがいっそうよくなる。

※作り方は 168 ページ

# 魚介のマリネ

前菜やおつまみとして喜ばれるさっぱりめのマリネ。シャンパンや白ワインとの相性が抜群。ビネグレットソースに漬け込まず、食べる直前にさっと和えて提供する。ビネグレットソースには白醤油を使い、魚介となじみのよい味を生み出す。

魚介を和えるビネグレットソースは、白ワインや白醤油を使う。

1 アミューズ・前菜

※作り方は 169 ページ

# サーモンマリネのサラダ仕立て

とろけるような舌ざわりの自家製サーモンマリネと季節の旬の野菜を一緒に楽しませるサラダ感覚の料理。セルフィーユやアネットといったフレッシュハーブが、爽やかさをプラスする。組み合わせたソースはクーリ・ド・トマトで、サーモンに合う。バジルソースにしてもよい。

※作り方は 169 ページ

# マグロとアボカドのタルタル

マグロとアボカドの相性のよさを楽しませ、白ワインがすすむ前菜。
マグロはここでは赤身だが、存在感を出したいならトロを使うと豪華だ。
ドレッシングは、白醤油やレモン汁をきかせたビネグレットソースと、
にんにくのペーストを加えたマヨネーズで、クセになる味わいに。

※作り方は169ページ

# 白身魚のフラン

魚のすり身や野菜を具にするフランスの蒸し物料理を、日本人になじみの深い茶碗蒸し仕立てに。ここではメバルと帆立貝、そら豆を具にして生ウニを盛り合わせ、充実感のある内容に仕上げた。蒸し物の生地は、フュメ・ド・ポワソンをベースに卵と生クリームを加えた濃厚なもの。

蒸し上がったらフュメ・ド・ポワソンを注ぎ、ロワイヤル（2層）に仕上げる。

アミューズ・前菜

※作り方は 170 ページ

## 白身魚のスープ仕立て

ていねいにアクを引いてクリアにしたヒュメ・ド・ポワソンをベースにし、凝縮した魚の深い味を楽しませるスープ。タイは生食用のもの。提供直前に熱々のヒュメ・ド・ポワソンを注いで生のタイに半分火を入れ、やわらかくジューシーな加減で味わっていただく。

食べる直前にフュメ・ド・ポワソンをスープ皿に注ぎ、生の白身魚にほどよく火を通す。

※作り方は 170 ページ

# クラムチャウダー風スープ

アサリのおいしさが詰まった温まるスープ。クラシックな手法ではルーを作って仕上げるが、より軽く、アサリの風味を引き立てるために、ルーを使わないルセットを紹介する。アサリは火の入りが早いので、煮過ぎないよう手際よく調理することも大切。

※作り方は 170 ページ

## 白身魚のポワレ
## 旬のキャベツのソース

甘くてやわらかな、春キャベツと白身魚が主役。キャベツを生かしたソースは、香ばしくポワレした白身魚だけでなく、ソーセージとも相性がよい。キャベツの香りと歯ざわりがおいしさのポイントなので、火を通し過ぎてキャベツがクタクタにならないように注意する。

# 2 野菜たっぷりの魅力料理

野菜の注目度は高まる一方である。とくに最近は、多様な個性の野菜を仕入れることができるようになっている。力を入れる生産者も増え、手に入る種類も入手ルートも広がったためだ。それに伴い、野菜を見極める感性と活かす技術が必要になっている。

# レギューム　春 2016

野菜で絵を描いたような前菜。野菜は、火を入れたもの、生のままのもの、フレッシュハーブ、マイクロサイズのもの等、30種類以上を使う。イタリア料理のバーニャ・カウダ風のソースやバジルソース、イタリア産のグロセル（粒の大きい岩塩）で楽しませる。野菜は和洋の多彩なものを活用するが、一つの皿の中に、この時期にしかない名残、旬、走りを混在させ、それらの出会いの味を魅力にする。ここでは冬から初夏の野菜を使用。中でもトリュフとサマートリュフの取り合わせは格別だ。日々、変わる野菜の持ち味を理解した火入れに技術が要る。

### 盛り付けのポイント

1 材料の大きさや太さを揃え、長いものは斜めにシャープに切る。
2 長さがある材料を交差させて流れを作り、色の対比と高低の差を意識して盛り付ける。

※作り方は 171 ページ

2 ― 野菜たっぷりの魅力料理

※作り方は 172 ページ

# ズッキーニ

夏にぴったりの冷菜。見た目は地味ながら、ズッキーニのおいしさを認識させるのに絶好の一品で、実際、後を引く味と喜ばれる。のせる具は、煮込んだトマトと素揚げしたズッキーニとナス、下茹でしたレンズ豆を煮詰めたもの。冷やして供する。

※作り方は 172 ページ

# きのこのフリカッセ

フリカッセとは、炒めて旨味を封じ込めてから煮込む料理につける名前。これはさまざまなきのこを存分に楽しんでいただく一品。中でもジロール茸は個性が強く、フリカッセやスープに向くきのこだ。フランス産のきのこを使えば本場の味わいを出せるが、高価なので日本のきのこを活用してもよい。

この料理に使ったフランス産のきのこは3種類。ジロール茸（中央黄色）はラッパの形をしたあんずのような香りを持つ。トランペット茸（中央黒色）はトリュフに似た香りがあり、煮込み料理やつけ合わせに使う。プルロット（右手前）はオイスターマッシュルームとも呼ばれ、たいていの料理に合う。

※作り方は 173 ページ

# 焼き野菜のマリネ

それぞれの野菜が旨味を主張し、野菜の底力を感じさせる一品。野菜はいったんオーブンでローストして、形がくずれる一歩手前まで火を通し、甘味を最大限に引き出す。その後、ビネグレットに漬け込む。半日から1日たてば食べ頃。

2 | 野菜たっぷりの魅力料理

※作り方は 173 ページ

# ポワロー ビネグレット

ポワローをビネグレットソースに漬け込んだ料理。ポワローの甘味と香りを、シンプルなビネグレットが引き立てる。ポワローは"貧乏人のアスパラガス"とも呼ばれ、この料理は家庭料理でも定食屋などの庶民的な店でも欠かせない。レストランの一品として、トリュフを添えてもてなし感のある前菜に変身させた。

ねぎはポワローが最適。下仁田ねぎのように甘味が強く太いねぎで代用できる。

※作り方は 173 ページ

## ニース風サラダ

フランスでポピュラーで、ブランチにもランチにもよく登場する一品。茹で卵やじゃがいもなど、食事になる内容が魅力でさまざまな出し方ができる。じゃがいもは、はメイクイーンを使っている。ツナは自家製で、缶詰の品とは別次元のおいしさなので仕込んで味わってただきたい。

2 ｜ 野菜たっぷりの魅力料理

※作り方は 174 ページ

## ラタトゥイユ

夏野菜をふんだんに盛り込んだ、夏の定番料理。冷たくして前菜に、温かい状態で付け合わせとして提供することが多い。面倒でも野菜は種類ごとに炒め、その都度鍋に加えて旨味を足していくことが基本。時間がたって味がなじんだところに食べると、そのおいしさにびっくりさせられる。

野菜を1種類ずつ炒めて、その都度鍋に加えることが、野菜の甘味を引き出す最大のポイント。

※作り方は 174 ページ

# きのこのパートフィロ包み

紙のように薄いパートフィロで、ソテーしたたっぷりのきのこと焼いた塩漬け豚肉、バケットを包んで焼いた料理。溶かしバターをかけて香ばしく焼く。塩漬け豚肉は保存食でもあり、テリーヌや煮込み料理に活躍するので仕込んでおくと便利。パート・フィロは極薄で油脂を含まない皮なので、軽やかに仕上がる。

パートフィロは、とうもろこしの粉と小麦粉を原料にして作る、油脂を含まないごく薄い皮。もともとはギリシャやアラブの菓子づくりに利用されていた。冷凍品で出回っている。ハケで溶かしバターをぬり、セルクル型にやぶれないようにしいて具を詰める。

※作り方は 174 ページ

# メバルのポワレ
# 若筍のソース

香ばしく焼いたメバルと若筍を取り合わせた、早春の香りいっぱいの一皿。春の定番料理の1つだ。ソースは筍を和食と同様に下ごしらえした後、フォン・ブランで煮出し、筍の香りを移し、バターでモンテする。春を代表する筍と白身魚の組み合わせを、フランス料理の手法で表現した。

※作り方は 175 ページ

# イサキのポワレ
# サラダ仕立て　バジルソース

パルミジャーノを加えた濃厚なバジルソースと、あっさりした味のイサキとの味の対比を楽しませる一品。生野菜と茹で野菜の上にイサキを置き、立体感的に盛り付ける。ソースのバジル、さらにタイムをはじめとするフレッシュハーブが加わり、香りも豊か。

2 ｜ 野菜たっぷりの魅力料理

※作り方は 175 ページ

## 真鱈の白子のポワレ サラダ仕立て

パリッと焼き上げた表面にナイフを入れると、中身がとろり。『ランス・ヤナギダテ』の冬の料理のスペシャリテの１つで、真ダラの白子の濃厚な味わいをフランス料理で楽しませる。和食と同様に酒に合う食材で、シャンパンをおすすめすることが多い。

### 白子のポワレの方法

1 白子を、白ワインビネガーを加えて沸騰させた湯にくぐらせ、氷水に取る。
2 粗熱を取って水気をふき、１人分に切り分けて塩・胡椒をふり、小麦粉をまぶす。
3 オリーブ油を熱した中火のフライパンで、白子の表面がカリッとするように焼く。

※作り方は 175 ページ

# 白身魚のフリット
# 自家製カレー粉風味
# れんこんチップ添え

れんこんやごぼうの野菜チップスやタイのフリットにカレーソースをかけ、ブランチメニューとして気楽に楽しんでいただく。このソースはフォン・ブランのコクがあってこそ出る味で、仔羊や鶏にも合う。また、カレー粉は、香りを重視し、辛味は強過ぎないものを選ぶ。

※作り方は176ページ

# 帆立のクレピネット包み サラダ仕立て

クレピネット（豚肉の網脂）で帆立貝とカラフルな野菜を巻き込んで焼いた、美しい一皿。クレピネットは、淡白な食材を包んで焼くと脂の芳ばしさとコクが加わって別料理に変身するので、使い方を覚えると便利。帆立貝のほか、白身魚と組み合わせることが多い。クレピネットは三重にして包み、巻き終わりが野菜と反対側になるようにする。

## 温かいクロタンのサラダ

フランスのカフェで定番で、パリジェンヌに人気のメニュー。ローストしてとろりと溶け出したアツアツの山羊のチーズを丸ごとのせるだけの簡単メニューながら、とてもおいしい。チーズはごく一部のものしか日本人は楽しんでいないので、レストラン側から積極的に提案していきたい食材だ。

クロタン・シャビニョルは、フランスを代表する山羊のミルクから作るチーズ。熟成が進んでいないものは色が白くて酸味が強い。熟成が進むと色は黒く、味わい深くなる。この料理には若いチーズを使う。

# 3 旨味の肉料理

メインディッシュの華として、期待のある料理が肉料理。しかし扱う肉は、鶏、豚、牛、羊と意外に選択肢は狭く、お客様もわかりやすい料理や食べなれた料理を求める傾向がある。取り合わせる野菜やソースとの一体感の出し方で、料理人のセンスを表現したい。

# バベットのグリル ソース・トリュフ

バベットは"ハラミ肉"のこと。国産牛のバベットは内臓肉としてかつては安かったが、いまではすっかり高級素材に変身した。そのバベットに合わせ、トリュフをたっぷり使う贅沢なソースをかけ、サマートリュフのスライスを華麗にあしらう。このソースは手順は多いが、一つ一つの段階をきちんと行えば、誰にでも仕込める手本のようなソースである。

※作り方は177ページ

旨味の肉料理

※作り方は 177 ページ

# 牛ばら肉の赤ワイン煮

ワインの本場、ブルゴーニュを代表する肉料理で、口の中でとろける肉のやわらかさとおいしさが詰まったソースの濃厚さが魅力。赤ワインの風味を生かしつつ、しかし赤ワインの味が出過ぎないように煮込む。使う赤ワインは、渋すぎず、軽すぎずのミディアムボディで、手頃な価格のもので充分だ。

### 牛肉と野菜の下ごしらえ

1 バラ肉を大きめに切り、塩、胡椒をふり、人参、玉ねぎ、にんにくとともに2～3時間マリネする。赤ワインを加えて半日ほど漬け込む。

2 牛肉、野菜、漬け汁に分け、牛肉に小麦粉をまぶしてサラダ油を熱したフライパンで強火で焼き、表面に焼き色をつける。野菜も色がつくまで中火で炒める。この後、鍋で煮込んでいく。

※作り方は 178 ページ

## 仔牛のカツレツ
## フレッシュトマトのソース

フライパンで焼き上げるフランス風カツレツに、生トマトのソースを合わせた。生トマトのソースは、甘味が強いトマトにオリーブ油とバルサミコ酢、バジルを加えたもので、P.17 のブルスケッタのようにパンにのせてもよい。フレッシュな風味は、夏に特に喜ばれる。パン粉はきめの細かい種類を選ぶとカリッと仕上がる。

3 旨味の肉料理

※作り方は178ページ

# バベットステーキ
# 焦がしバターソース

バベットはフランスでは価格が安い部位なので、そのステーキは庶民の味を代表する料理。合わせる焦がしバターソースも、簡単で日常的に作られており、P.52のバベットのグリルと好対照。レストランというよりビストロでよく提供されている。ここでは、セルクル型を使った立体感のある盛り付けもポイントだ。

※作り方は 178 ページ

3 旨味の肉料理

# 仔羊のポワレ
# 4種のカリフラワー

P.58の料理と同様に、主役の仔羊はポワレにしているが、取り合わせる野菜とソース、盛り付け方で印象がまるで違う一品になる。ソースは、仔羊から取った、ジュ・ダニョーを焼き汁に加えて煮詰め、オリーブ油を加えたもの。野菜は季節によって変え、ここでは、仔羊肉と旬が重なるロマネスコ、黄色や紫といった個性的なカリフラワーを合わせた。

# 仔羊のポワレ

フランスでも、仔羊はおいしくて値段が高いご馳走メニュー。塊のままでは焼くのが難しいため、厚めに切って強火で焼き色をつけ、肉から出てきた脂でアロゼしながらポワレした。指で押して弾力を感じたら焼き上がりだ。ソースは焼き汁が残ったフライパンにフォン・ブランやオリーブ油とマスタードを加えて仕上げる。

※作り方は179ページ

※作り方は 179 ページ

# 仔羊と夏野菜のパイ包み焼き

ジューシーな仔羊と味のなじんだラタトゥイユを包んだパイ。ラタトゥイユが、ソースにもなり、夏場にはその酸味が爽やかな味わいとなる。仔羊は骨1本ごとに切り分け、強火で表面だけをカリッと焼き固めてからパイシートで包んでオーブンで焼く。ラタトゥイユを作ったら、このルセットにも手を伸ばしてもらいたい。

## パイシートの包み方

1 パイシートは半解凍の状態で広げ、焼いたラムとラタトゥイユを置き、卵黄をぬる。
2 余分な生地を切り落として包む。パイシートは完全に解凍すると、扱いづらく、生地がこわれやすくなる。

# 骨付き豚のグリエ
## バニラ風味のキンカンのコンポート添え

柑橘類と豚肉が合うことから発想した料理。グリエして余分な脂を落とした骨つき豚肉に、キンカンのコンポートを添える。ソースは、グリルした豚肉のジュ（焼き汁）にフォン・ブランを加えて煮詰め、オリーブ油を加えたもの。キンカン以外に、プラムや桃を合わせることもある。

※作り方は180ページ

# フランスの鳩と芽キャベツ ジュのソース

鳩とキャベツは定番の組み合わせ。限られた時季にしか出回らない味のよい芽キャベツを使い、鳩とジュのソースの組み合わせの妙を表現した。鳩はモモのほか、レバーやハツ、砂肝をカリカリにポワレして香ばしく焼く。ソースは、鳩をポワレしたフライパンにバターを加えて焦がし、ソース・トリュフをプラスした。

※作り方は180ページ

※作り方は 180 ページ

# 豚肉と白いんげん豆の<br>トマト煮

ヨーロッパでは代表的な煮込み料理。フランス人は豆がとても好きで、豚肉と白いんげんを煮るこの料理は一品料理としてもまかないとしてもよく作る。このルセットでは、トマトは生トマトと缶詰の2種類を使い、トマトのフレッシュ感とコクを出す。豚バラ肉は、塩をふって半日ほど置き、肉に塩を充分なじませることで肉の味に深みが出る。

※作り方は 181 ページ

# 骨つき豚背肉のロースト
# きのこのマデラソース

骨つきの豚肉のおいしさを楽しませるメニュー。身近な素材の豚肉は、骨つき肉ではまるで別のご馳走。きのこがごろごろと入ったソースを組み合わせ、その香りと旨味を掛け合わせて楽しませる。このソースは、仔牛、白身魚などにも合う。きのこはフランスのものは入手しづらく高価なので、日本のおいしいきのこで作るのが実際的。

※作り方は 181 ページ

## 鴨の軽い燻製
## クレソンのサラダ添え

温燻という手法で、短時間で肉に香りをつけて風味を高めた鴨肉を、たっぷりのクレソンとともに提供。クレソンのぴりっとした個性ある味が鴨とよく合う。クレソンはビネグレットソースをからめ、この料理自体にはバルサミコ酢を煮詰めてオリーブ油を加えたソースをかけてあり、さまざまな酸味が加わった味わいが魅力だ。仔羊や鶏肉などを同様に温燻にするのもよい。

※作り方は 181 ページ

# 鴨胸肉のポワレ<br>イチジクのソース

野趣あふれる鴨と、濃厚で繊細なイチジクが絡まり合う奥深い味わいを持つ、私の店のスペシャリテの一品。フルーツのソースは甘味と酸味のバランスが特の難しいので、食材の持ち味を確かめ、ルセットに頼らないことがポイントだ。鴨肉は表面を香ばしく、中はレアに焼き上げる。このソースをフォアグラに添え、前菜としてもよい。

# 蝦夷鹿のポワレ
# カシスソース　焼き野菜添え

ジビエである蝦夷鹿を使った一皿。鹿肉は、脂は少ないものの独特の滋味を持ち、酸味のあるソースがとても合う。これはカシスソースで、赤ワインビネガーやクレーム・ド・カシスで酸味を出す。焼き野菜はきのこや長芋のほか、外皮が赤い大根や外皮が紫のあやめかぶ、トマト、黄色い人参などを取り入れる。

※作り方は182ページ

## 文旦(ぶんたん)と若鶏のフリカッセ

鶏肉のフリカッセは、伝統的で、家庭でも作るポピュラーな料理。以前の調理法では小麦粉を使ってとろみを出したが、いまは生クリームで濃度をつける手法が多い。この料理も同様だ。仕上げ際には文旦をさっとからめる。この生クリームと柑橘の組み合わせは、フランスの中華料理店で食べた海老とマヨネーズの組み合わせがヒントになっている。柑橘類は、でこぽんや晩白柚(ばんぺいゆ)なども使う。

文旦は最後に加えてからめ、軽く加熱する。

※作り方は182ページ

# 牛タンとじゃがいもの
# ラビゴットソース

フランス人が豚の頭や仔牛の耳、脳味噌などを食べるのは自然で、そのときはラビゴットソースが定番の組み合わせ。このソースはビネグレットソースの応用ソースで、材料は温かくし、ソースは冷たいままかける温度差がおいしさでもある。ここでは、日本のお客様向けに、やわらかく茹でた牛タンとじゃがいもに合わせ、無理なく味わってもらう。

※作り方は183ページ

# 牛テールとじゃがいもの<br>コロッケ　きのこのマデラソース

家庭的な温かさを感じさせるコロッケは、実は残った煮物を再活用できる重宝メニューでもある。ここでは牛テールの煮込みを使用。豚肉のトマト煮も使ってもおいしい。牛テールは高たんぱくでコラーゲンが多く、女性にはおすすめだ。ちょっと甘めのきのこソースと相性がよく、このソースはP.63の「骨つき豚背肉のロースト」や、P.105の「うさぎ背肉と手長海老のロースト」でも登場している。

※作り方は183ページ

# リー・ド・ヴォーのポワレ
# ロックフォール添え

やわらかくて独特の食感を持つ高級食材のリー・ド・ヴォーに、チーズをのせて焼いてソースにしたブランチメニュー。リー・ド・ヴォーはクセがなく淡白な持ち味のため、他の素材と合わせやすい。ここではロックフォールを組み合わせ、食べごたえのあるチーズソースで楽しむ。付け合わせの野菜は下茹でし、バターソテーする。

リー・ド・ヴォー（右）は乳飲み仔牛の胸腺肉。乳を吸う時期だけ首け根にぶら下がる繊細な肉で、ぷりぷりとした食感が特徴。ロックフォール（左）は世界3大ブルーチーズの1つで、ぴりっとした刺激とコクが魅力の青かびチーズ。

# 4 繊細な味わいの魚介料理

魚介は日本人にはなじんだ素材。本場フランスよりも種類が豊富で、質が高く、産地ごとの違いが楽しい。フランス料理の技法を駆使して、和食にはない魚料理のおいしさを提案できるチャンスがある。

4 繊細な味わいの魚介料理

## 鮎のポワレ
## バージョンヴェール

緑をテーマにした鮎の料理。腹に香草やにんにくを詰めて焼いた鮎を塩をふってポワレし、緑色尽くしの野菜ばかりで取り囲む。ソースはバジルソースとオリーブ油。日本人には鮎はなじみ深い魚だからこそ、驚きを提供できる一皿になる。組み合わせる野菜は青トマトやブロッコリー、ミニきゅうり、紫水菜など。庭のアーモンドやひいらぎの若葉も添えた。

アユの腹の皮を切り開いて内臓を取り、粗塩、にんにく、ローリエ、フレッシュタイムを詰める。

※作り方は184ページ

# ホワイトアスパラガスのグラタン 帆立のポワレ

初夏にホワイトアスパラガスが登場する頃の人気メニュー。オランデーズソースをかけて焼く手法が定番だが、クラシックなソースのおいしさを伝えるために、軽めのベシャメルソースを用いた。ベシャメルソースは小麦粉を控えて作り、生クリームを加える。帆立貝は片側を強めにポワレし、もう片方を軽く焼いた状態でのせ、ソースとのやわらかなマッチングを楽しんでいただく。

# ハタと筍の一皿

春、筍のシーズンがやって来るとお出しする、定番料理の1つ。メバルなど他の白身魚にもする。筍のソースはフォン・ブランで煮込んで下味をつけ、バターでモンテする。合わせる野菜は、茎ブロッコリー（菜の花とブロッコリーを掛け合わせた野菜）、菜花、プチベール、芽キャベツなど。全体のボリュームを抑え、アミューズとしてお出しすることも。

4 ｜ 繊細な味わいの魚介料理

※作り方は185ページ

# アイナメのポワレ
# バージョンブラウン

ブラウンをテーマにした料理。お客様から「茶色い料理を食べたい」など、色で料理をイメージするリクエストがあり、これは、冬から春にかけての食材で表現。アイナメは皮側をパリっと焼く。じゃがいもや椎茸、シャンピニオンなどの野菜を別々に炒めて料理にしき、それぞれの炒めた鍋にフォン・ブランを加えてデグラッセしてソースのベースにする。

※作り方は 185 ページ

4 繊細な味わいの魚介料理

※作り方は185ページ

## スズキのポワレ ブールブランソース

白身魚に合わせるソースとしては基本中の基本、ブール・ブランソースをスズキに合わせた料理。本来のブール・ブランソースは生クリームを入れないで作るものだが、ここでは加え、口当たりを軽くするとともに、分離しにくく作りやすいルセットにする。

※作り方は186ページ

# 真鯛のポワレ シャンパンソース

パリッと香ばしくポワレした真ダイを、香り高いシャンパン風味のソースで味わう。ソースには、シャンパンビネガーや甘口のノイリー酒も加え、風味に奥行きと軽やかさがある。魚料理全体に応用でき、さまざまな派生ソースを生み出す重要なソースなので覚えておきたい。生クリームを使い、分離しにくいルセットで紹介した。

# 魚のポワレ
## 軽い赤ワインのソース

ポピュラーな赤ワインのソースで味わう魚料理。魚に合うように、赤ワインはブルゴーニュ系の軽いタイプを選ぶ。魚はたいてい合い、とりわけサーモンと相性がよい。ポワレするとき、皮つきの魚ならば特に皮を意識的に、強くこんがりと焼くと香ばしい。

※作り方は 186 ページ

※作り方は186ページ

# 白身魚の
# オランデーズソース

作り方の難しいソースの1つ、オランデーズソースと白身魚の定番の組み合わせ。アスパラガスとの組み合わせも絶妙だ。オランデーズソースをただかけるだけではなく、その後にバーナーで焼き色をつけて表面を焦がし、香ばしさもプラスするといっそうおいしい。

※作り方は186ページ

## クスクスをつけたヒラメの温製 トマトの冷たいクーリ添え

クスクスを衣につけて焼いた熱いヒラメと、冷たいクーリ・ド・トマトを組み合わせる温度差も魅力の一品。衣がはがれないよう、よく熱したフライパンで焼き色をつけることがポイントだ。白身魚以外に青魚のイワシ、サバ、サンマで作ってもおいしい。

# サーモン・ミ・キュイと
# 5種のトマトのアンサンブル

ミ・キュイとは半分火を入れるという意味で、火の通し方を軽くすること。この料理は、サーモンの皮目側はカリカリに焼き、もう片側は軽く火を入れる程度に留めてある。ビネグレットソースで和えた色とりどりの野菜を、ソース代わりにしてからめながら味わっていただく。サーモンをはタスマニア産の生食用。

4 ｜ 繊細な味わいの魚介料理

※作り方は187ページ

# オマール海老のフリカッセ

活けのオマール海老を、オマール海老の旨味と香りを閉じ込めた濃厚なアメリケーヌソースで味わう。素材の味がダイレクトに出る贅沢な一品だ。ソースを仕込む手順で残すオマール海老の尾の身と野菜はバターソテーする。アメリケーヌソースを泡立てると、より軽くなり、現代的な味わいに仕上がる。

※作り方は187ページ

# 白身魚ときのこの
# クレピネット包み

クレピネット（網脂）で白身魚ときのこを巻いて焼く。カリッと焼き上げたクレピネットの香ばしさとは対照的に、中の白身魚ときのこはしっとりしていて、ナイフを入れたとたんに広がる香りもご馳走だ。ソースは、フォン・ド・ボーをベースにしてベーコンとシブレットの味が凝縮したもの。

### クレピネットの包み方

1 クレピネットとは豚の内臓を覆っている網状の脂肪の膜で、よく水にさらしてから使う。それを20cm四方に切り分け、魚の皮目を下にして置き、上にきのこのソテーをのせる。

2 クレピネットで巻く。やぶけないように三重にし、巻き終わりが白身魚の皮目に来るようにする。余分なクレピネットは切る。

# 5

# フレンチスタイルの一品料理

フランスの料理にはカフェや家庭でよく作られている気取りのない、それでいておいしい料理も少なくない。技術的にも取り入れやすい料理が多いので、カフェメニューやお洒落な一品料理として参考にしてほしい。

※作り方は 188 ページ

# ドウフィノワーズ
# じゃがいものグラタン

スイスに近い、ドフィネ地方の伝統あるグラタン。ブランチメニューや付け合わせにも活躍する。じゃがいもの火の入り加減が重要で、オーブンで焼いたときベストの状態になるよう、下煮で火を通し過ぎないように注意を払う。

※作り方は 188 ページ

# 牛肉と野菜のポトフ

フランスの家庭料理の代表格。特に、スープの煮方はフォン・ブランと共通で、ブイヨンの原点でもあり、フランス料理の基本と位置づけられる重要な料理だ。使う材料は地域によって違い地方色も豊か。牛のモモ肉やスネ肉でもよいが、脂身と赤身が半々に入ったバラ肉が味の面ではおすすめだ。

### ポトフの煮込み方

1 牛肉全体に塩をまんべんなくすりこみ、半日おく。鍋に少なめの水と牛肉を入れ、強火で加熱する。沸騰したら一度茹でこぼし、湯を捨てる。

2 鍋に牛肉とたっぷりの水を入れ、沸騰させてアクをすくいながら長ねぎ、人参、玉ねぎ、にんにく、ブーケガルニを入れ、弱火で4～5時間煮る。

3 肉がやわらかくなったらブロッコリー、アスパラガス等を加えて煮込み、塩で味をととのえる。

フレンチスタイルの一品料理

※作り方は189ページ

## 魚介のグラタン仕立て

焼き上がるたびに感激がある料理。食欲をそそる香りと焼けるときのグツグツいう音も五感を刺激し、この料理のおいしさの大事な要素だ。ソースはベシャメルソースの応用形のモルネーソースで、ベシャメルソースに卵黄と生クリーム、チーズを加えたもの。いろいろなチーズを使ってよいが、パルミジャーノが最も合うと思う。

5 フレンチスタイルの一品料理

※作り方は189ページ

# 豚肉の香草パン粉焼き

にんにくやフィーヌゼルブを混ぜた、風味のよいパン粉を衣にして焼いた豚肉メニュー。厚く切った豚肉のおいしさを味わう料理でもあるので、肉は品質に定評のある品質のものを選びたい。ソースは、豚ロース肉を焼いた天板に残った焼き汁にフォン・ブランを加えて煮詰め、バターをモンテして作る。

香草入りのパン粉は、乾燥させたフランスパンをフードプロセッサーで細かく砕き、フィーヌゼルブとにんにくのみじん切り、塩を混ぜて作る。フィーヌゼルブは、代表的なブレンドハーブの1つで、パセリ、タラゴン、チャイブ、チャービルなどの茎とやわらかい葉を同量ずつ細かく刻んで混ぜたもの。

※作り方は189ページ

## 里芋と白身魚のフリット カレー風味

ほのかに香るカレーが食欲を刺激し、ワインがついついすすむ一品。主役は里芋で、イサキとエリンギも一緒にフリットにする。里芋はいったんフォン・ブランで煮て下味をつけてから揚げる。表面はサックリ、中はねっとりした里芋のおいしさが印象に残る。カレー粉は、市販品をベースにしてターメリックを調整している。

### 里芋の仕込み

1 里芋の皮をむき、3つほどに切り分けて塩を加えて水から茹でる。沸騰して2分ほど煮たら氷水に取り、里芋のぬめりを洗って水気を切る。

2 里芋にフォン・ブランを加えて約15分ほど煮込む。

3 煮上がったら水分をペーパータオルなどでふき、片栗粉をまぶして中温の油で揚げる。

※作り方は 190 ページ

# じゃがいもと白身魚のガレット

中に白身魚をはさんで、じゃがいものカリッとした香ばしさと、魚のしっとりした甘さの2種類の味わいを楽しませる。ガレットはもともと丸く平らに焼いた素朴な菓子で、料理のスタイルに取り入れると、センスが光る一品になる。セルクル型にじゃがいも、白身魚、じゃがいもの順に重ね、スプーンで押さえながらフライパンで焼く。

※作り方は 190 ページ

## ヒラメのアロマット

生クリームの上に散らした野菜がカラフルで、見栄えの割には意外に簡単に提供できるア・ラ・カルトの魚料理。華やかなので、クリスマスシーズンなどにお勧め。これはマスタードを加えた生クリームをぬってあり、どちらかというと家庭料理風。それをシャンパンのブールブランソースにすればレストランのスペシャリテになる。

# クスクス

フランス人が好んで食べる人気料理で、日本でいえばカレーライスのような存在。肉と野菜を炒めてフォン・ブランで煮込み、戻したクスクスにかける。クスクスはデュラムセモリナ粉から作る粒状のパスタの1つでいろいろな大きさがあり、中粒を使うことがほとんど。肉は羊肉を使うことが多い。

クスクスはデュラムセモリナ粉が材料の粒状のパスタ。本来は専用の蒸し器で戻すが、ない場合は塩とバターをのせ、熱湯をかけてラップをして5分ほど戻す。

フレンチスタイルの一品料理

※作り方は190ページ

※作り方は191ページ

# ベーコンと
# ほうれん草のキッシュ

ロレーヌ地方を代表する料理で、フランスでは、オードブルとしてはもちろん、ブランチメニューにも定着している。タルト生地に、チーズ風味のクリームソースとバターソテーした野菜をのせて焼く料理で、家庭で作る場合は生乳だけを使うようだが、このルセットのように生クリームをたっぷり使うと、贅沢な味に仕上がる。

# クロックムッシュ

フランスのカフェでは定番であり、フランスを代表するファストフードであるハムとチーズのホットサンド。その名のごとく(croqer: かりかり噛む)、オーブンで表面をカリッと焼き上げる。パンは真四角のパン・ド・ミーやバケットを使う。ここではパルミジャーノをかけたが、エメンタールやグリュイエールチーズもおすすめ。オーブントースターやフライパンで焼いてもよい。

※作り方は 191 ページ

※作り方は 191 ページ

## エスカルゴのフリカッセ

フランス料理を代表する食材の1つ、エスカルゴを使った煮込み料理。相性のよいきのこやバター、生クリームと合わせると、ソースのおいしさもクセになる。高級レストランでは、エスカルゴバターを詰めて焼くより、こうしたフリカッセなどの煮込みにすることが多い。エスカルゴはクールブイヨンで煮る下ごしらえが大切。

エスカルゴは食用のカタツムリ。むき身にして水煮したものが使いやすい。クールブイヨンで煮て、臭みを抜いてから使う。

# 6 盛り込み・取り分け料理

ちょっとした家庭的な集まりから、結婚式のようなフォーマルなパーティまで、カフェでもレストランでも、取り分けるスタイルの料理の需要は高い。ここでは、まとめた仕込みがしやすく、また、パーティで映える料理を中心に紹介。

## 牛フィレ肉のロースト

牛フィレならではのやわらかさを堪能させるご馳走メニュー。ほどよくレアに焼き上げ、厚めに切り分けて提供する。ソースは、焼き汁にフォン・ブランを加えてデグラッセし、焼き汁の旨味を残さず生かしたもの。

## 仔牛のロースト マスタードソース

骨つきの仔牛背肉を豪快に焼き上げた、存在感のある一品。焼き汁にフォン・ブランを加えてデグラッセし、マスタードをきかせたシンプルなソースは、仔牛の繊細な味わいを引き立てる。仔牛肉は生後10ヶ月までの肉を指し、淡白で甘味がありとてもやわらかい。とりわけ、ミルクだけで育ったホワイトヴィールで作ると逸品に。

※作り方は192ページ

# 仔羊のもも肉のロースト

仔羊の骨つきモモ肉をまるごと焼き上げる、豪快さが魅力の一品。フランスでもご馳走の人気メニューだ。P.102の「プーレ・ロティ」と同様、"アロゼ"の手間を惜しまず、外は香ばしく、中は肉汁たっぷりのピンク色に焼き上げる。付け合わせはポム・ロティが圧倒的に多いが、ここでは茹でた白いんげん豆で。

※作り方は193ページ

# 丸ごと地鶏と野菜のポトフ

旬の野菜と丸ごと1羽の鶏を使ったご馳走ポトフ。材料づかいにヘルシー感があり、特に女性に喜ばれる取り分け料理だ。スープの旨味が弱いときは、スープだけ別鍋で煮詰めると味がのってくる。

### 鶏の下ごしらえ

1. 鶏の胸肉の皮と身の間にすき間をあけ、エストラゴンを差し込み、腹の中に岩塩をひとつまみ入れる。
2. 表面にたっぷりの塩をふり、足をたこ糸でしばって半日ほど置いて味をなじませる。

※作り方は193ページ

### 仔羊のモモ肉の下ごしらえ

1. モモ肉の中央の骨を取り除く。
2. 骨のあったところに岩塩、皮をむいたにんにく、タイムを詰める。
3. モモ肉の詰め口を閉じて、形をととのえながらたこ糸でしばる。

6 ｜ 盛り込み・取り分け料理

## プーレ・ロティ

存在感のある丸鶏のロースト。おいしく焼き上げるポイントは"アロゼ"で、オーブンで焼いている最中に、天板にたまる鶏の脂と焼き汁をすくい、鶏にかける。まめに"アロゼ"することで、鶏のおいしさを閉じ込めながら極上の色に焼き上がる。ローストの技法の基本の料理である。

※作り方は194ページ

※作り方は 194 ページ

# 鶏肉のバスク風煮込み

トマト、ピーマン、ズッキーニなどの野菜とともに煮込む、バスク地方の鶏肉料理。ピレネー山脈に近く、地理的にスペイン料理の影響があり、トマトやにんにく、ピーマンをよく使う。この料理は野菜の彩りがよいので、パーティーの大皿料理によいだろう。野菜の持ち味を凝縮するように炒め、野菜の水分と少なめのワインで煮上げることが特徴。

盛り込み・取り分け料理

※作り方は194ページ

# うさぎ背肉と
# 手長海老のロースト
# きのこのマデラソース

しっとりしたウサギ肉で、甘くプリッとしたラングスティーヌを巻く。香りの豊かなきのこのマデラソースと相性もよく、話題性もあり、取り分け料理として華がある料理。ウサギ肉はあっさりして食べやすい食材。鶏胸肉で作ってもおいしく仕上がる。

### ウサギ肉の下ごしらえ

1 ウサギ肉の厚い部分に包丁を入れて切り開き、肉叩きなどで形をととのえて、軽く塩・胡椒をふる。
2 肉に殻をむいたラングスティーヌを2本のせ、きっちりと巻き込む。
3 全体に塩・胡椒をふる。

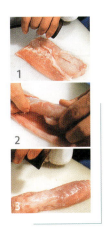

## 鴨のコンフィ

本来は保存食として生まれた家庭料理。肉を80℃ほどで数時間煮込み、脂に漬けて保存することでやわらかくなる。コンフィによる肉のやわらかさは、肉食文化圏が生み出した知恵の賜物だ。温度管理は、電磁調理器を使えば負担が少ない。付け合わせは、ポム・フリット（じゃがいものフライ）やポム・ロティ（じゃがいものロースト）が多い。

※作り方は195ページ

6 ｜ 盛り込み・取り分け料理

※作り方は 195 ページ

## エイヒレのロースト 焦がしバターソース

フランスではビストロなどでとてもポピュラーな素材のエイヒレ。このようにムニエルにし、焦がしバターソースを合わせるのが定番だが、ソースにケッパーやオリーブなどの酸味をプラスし、風味をふくらませるのが私流。

# カサゴのロースト
# オリーブとトマトのソース

春から夏にかけて旬のカサゴのローストを、夏の日差しさながらに色鮮やかな野菜で彩る。ソースは、ローストしたカサゴの焼き汁を煮詰め、レモンで味を引きしめたもの。カサゴは頬の筋肉が発達していて美味なので、残さず味わっていただく。

取り分けるときは、頭のつけ根から尾びれまで中骨の上をナイフで切り目を入れ、その切り目から中骨に沿って頭の方へナイフを滑らせ、身を切り離す。

※作り方は 195 ページ

# ブイヤベース

プロヴァンス地方を代表する名物料理。フュメ・ド・ポワソンで煮込む方法もあるが、ここでは魚介をぶつ切りにして豪快に煮込む作り方を紹介。できるだけ多種類の白身を使い、味に深みを持たせたい。提供の際は、ガーリックトーストにルイユをのせ、スープに添える。ルイユとは、ポム・ピューレに、すりおろしたにんにく、サフランの抽出液、マヨネーズを練り込んだもの。

# サーモンのパイ包み焼き
# アサリのソース

サケのピンク色、帆立の白、アスパラガスの緑など、切り分けた断面の美しさも魅力のパイ包み焼き。生で食べられるタスマニア産のサーモンや生食用の帆立貝を使い、パイはカリッと、中は半生の"ミ・キュイ"で仕上げる。ソースはあさりのだしを取り入れ、生クリームでコクを出す。

## パイ包みの仕込み方

1 天板にパイ生地をのせ、大さじ1の水で溶いた卵黄をハケでぬる。中央にアスパラガスを穂先を交互にして並べ、サーモンと帆立貝を並べる。
2 1にもう一度アスパラガス、サーモンを重ねて、全体に卵黄をぬる。もう1枚のパイ生地をかぶせ、重ねた具に沿って周囲を押さえる。
3 余分なパイ生地を切り取り、端を骨抜きでつまんで模様をつける。
4 余ったパイ生地で模様をつけ、卵黄でパイ包みにはる。

※作り方は196ページ

※作り方は 197 ページ

## グリーンアスパラガスと卵の パルミジャーノ風味

オードブルの他、ブランチなどの軽い食事にもぴったり。生ハムを巻きつけたグリーンアスパラガスをソテーし、卵とパルミジャーノをのせてオーブンで焼く。フランスやイタリアではとてもポピュラーな料理で、簡単な作り方も魅力だ。スパークリンワインなどとともにおすすめしたい。アスパラガスだけでなく、ほうれん草を加えてもおいしい。

材料はグリーンアスパラガスと生ハム、卵、パルミジャーノ。太いアスパラガスを使う場合は、皮をむいてかために下茹でしておく。

※作り方は 197 ページ

## アッシェ パルマンティエ

取り分け向けの前菜、ブランチとさまざまなシーンで活躍する料理。ポム・ピューレとミートソースを交互に重ね、パルミジャーノをのせて焼く。気取りのない材料ばかりなのに誰にでも好まれ、焼き上がったときの香りは、作るたびに感激がある。

キャラメル 2016
ウェディングケーキ
ガトーショコラ

6 盛り込み・取り分け料理

キャラメル 2016
バージョン　ブラン

※作り方は 198 ページ

# デザートビュッフェ

ウエディングパーティなどで増えているお洒落な取り分けスタイルのデザートビュッフェ。女性客に大変喜ばれている。写真は 20 ～ 30 人分を想定。ウエディングケーキとガトーショコラは切り分けてから取ってもらい、他の 8 種のデザートは色とりどりに並べておき、その中から好みのものを選んでもらう。ビュッフェスタイルのデザートは、ひと口サイズにしたものを同じ種類ずつまとめて並べることが多いが、コースメニューのデザートさながらの器使いと盛り付けで、ハイクラスのレストランの豪華さを表現。ランダムな並べ方も喜ばれている。アイスクリームやシャーベット類は、お客様が手に取る直前に盛り付ける。

a 赤いフルーツのスープ
b メロンのポルトジュレ
c わらびもち
d フロマージュブランと
　 ベリー　ガトーショコラ
e クレーム・ブリュレ
f キンカンのジュレ

115

# 栗と木の実のタルト

たくさんのアーモンドスライスとくるみを散らして焼く、豪華な黄金色のタルト。中には手間をかけて渋皮煮にした大粒の栗が丸ごとたっぷりと入り、満足感は高い。

### 栗の渋皮煮の作り方

1 栗を重曹を加えた水で煮る。約4分間沸騰させてから取り出し、鬼皮をむく。このとき渋皮を残すように気をつける。
2 鬼皮をむいた栗を水から火にかけ、4回ほど煮こぼす。煮こぼすたびに、渋皮を破らないように気をつけながら、竹串などでけばや溝の汚れを掃除する。
3 鍋に入れ、グラニュー糖とひたひたの水をはって火にかける。沸騰したらラム酒を加え、栗に串がすっと通り、照りが出るまで弱火で煮る。

※作り方は 198 ページ

6 盛り込み・取り分け料理

※作り方は 198 ページ

# ガトーショコラ

真っ白い雪のような粉砂糖をふりかけたガトーショコラは、根強い人気のあるデザートの1つ。ほんのり苦味をきかせて焼く。取り分けたら、相性抜群のバニラアイスクリームを盛り合わせて提供したい。メレンゲと生地を混ぜ合わせる手順では、ゴムべらを使って切るように混ぜ、練らないように大きく合わせることがコツ。

117

6 盛り込み・取り分け料理

## クレーム・キャラメル

家庭的なイメージがあるものの、フランスでは三つ星レストランでも提供する、伝統のあるデザート。ポイントはキャラメルの作り方で、あめ色がつくぎりぎりまで煮詰めること。材料が卵、砂糖、牛乳とシンプルなので、質のよさが味に反映する。

※作り方は199ページ

## 紅茶風味のクレーム・ブリュレ

アール・グレイのベルガモットの香りと、ほんのりと苦味がきいたキャラメリゼを楽しむ、大人向けの味わいが魅力のクレーム・ブリュレ。型を使えば、思いのままに形づくれる。キャラメリゼは、カソナード（ブラウンシュガー）をふり、そこをバーナーで焦がす。

※作り方は 199 ページ

# 7 魅了するデザート

コースの締めくくりとして、お客様をいかに喜ばせるかがデザートの重要な使命である。特にこだわっているのはレストランでなければ食べられない、自家製のアイスクリームやシャーベット、キャラメルを使ったデザート。質の高いフルーツづかいや楽しさを感じさせる盛り付けも重要。

# キンカンのジュレ

キンカンをさまざまな味で楽しむデザート。ジュレ、ジャム、コンポート、そして生のキンカンを組み合わせる。生で食べておいしいキンカンがない頃には出せなかった味だ。コース料理ではデザートを順番で何品か提供しており、これはデザートの最初の方に出すことが多い。

※作り方は200ページ

# わらびもち

コース料理のデザートは最多で4品出し、その中の1つは食感にひとひねりあるデザートを組み込む。その例となるのがこのわらびもち。キャラメルのアイスクリームをのせ、アングレーズソースをかけ、きな粉や抹茶のソースを隠し味的にプラスした日仏折衷の味。なるべく提供直前にわらび粉を練り、モチモチ感を楽しませる。甘味は和三盆とカソナードで出す。

※作り方は200ページ

# ブランマンジェ

ブランマンジェを入れた器にホワイトチョコレートのふたをしてその上にバニラアイスクリームのせて提供するデザート。お客様は、バニラアイスクリームを味わいつつ、ホワイトチョコレートのふたを割ってブランマンジェとミックスする新鮮な味わいを楽しむという仕掛け。驚きと遊びのあるスタイルが好評。ホワイトチョコレートのふたには、食用のシルバーのパールパウダーをふり、見た目にもきれいに。

※作り方は201ページ

# キャラメル 2016

左ページと同様の仕掛けで、中にフレッシュフルーツ、キャラメルクリーム、キャラメルのムースなどを入れたもの。上にカカオのシャーベットをのせる。キャラメルのコンフィチュールも入れており、キャラメル尽くしの味わいを楽しませる。

7 魅了するデザート

チョコレートの表面にはゴールドのパールパウダー（食用）をハケでぬる。穴を開けるのは、シャーベットやアイスクリームをのせるとき、安定させるため。

# ショコラドーム サプライズ

コース料理でデザートを数品出すときは、ちょっとした演出があるデザートを取り入れており、これはその一例。陶器のふたをかぶせて提供し、それを取るとホワイトチョコレートのドームが現れる。温かいフランボワーズのソースをかけるとホワイトチョコレートのドームが溶け、中のフルーツとバニラアイスクリームが現れるという趣向だ。ドームには食用のパールの粉をハケでぬって光沢を出す。

### ショコラドーム　サプライズの楽しませ方

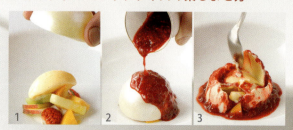

1 中にカットしたフルーツとバニラアイスクリームを置き、ホワイトチョコレートのドームをかぶせ、さらに陶器のふたをかぶせて提供。
2 フランボワーズソースは温めておき、お客様に自分でかけてもらう。
3 ソースの熱でホワイトチョコレートのドームが溶け、中のフルーツとアイスクリームが現れる。

※作り方は202ページ

※作り方は 202 ページ

# チョコレートのテリーヌ

しっとり、そしてふんわりとした口どけのよいチョコレートのテリーヌ。材料はチョコレート、バター、卵ととてもシンプルで、チョコレートとバターに、別立てした卵黄と卵白のメレンゲを加えて冷やし固める。材料がシンプルな分、特にチョコレートは質のよいものを選ぶ。店ではカカオ分70%のクーベルチュールを使用。

生地を作るときは、メレンゲを加えた後の混ぜ方がポイント。メレンゲの泡をつぶさないようざっくりと切るように混ぜる。

# オペラ

クラシックなチョコレートケーキ。通常はガナッシュクリームとコーヒー風味のバタークリームをジョコンド生地で交互にはさんで4層にすることが多いが、これは倍にしてリッチさを表現。断面を見せて盛り付ける。のせているのはキャラメルのアイスクリーム。プラリネアーモンドをまき、粉砂糖をふって優雅な雰囲気を出す。デザートをコースでお出しするとき、最後に提供することが多い。

※作り方は203ページ

# ムースショコラ ソルベ レ カプチーノ仕立て

チョコレートの風味がきいた焼き菓子、ムースショコラと牛乳のシャーベットの組み合わせ。店ではアイスクリームやシャーベットはどれもマシンで手作りしており、中でも最も手間がかかり、そしてお客様から喜ばれるのが実は牛乳のシャーベット。シャーベットの生地をベストの状態でマシンから取り出すタイミングは、季節や気温で変わるため難しい。牛乳にシロップを加えて泡立てたソースをかける。

※作り方は204ページ

# プロフィトロール

小型のシューにカスタードクリームをはさんで積み重ね、チョコレートソースをかけた伝統的な菓子。誰にでも好かれるキャラメルのアイスクリームやカカオのシャーベット、アングレーズソースもプラス。どれもが店で仕込んだもので、レストランならではのフレッシュ感と質の高さがダイレクトに伝わり好評だ。

※作り方は204ペー

魅了するデザート

## プティフール

プティフールは小型のお菓子のことで、本来はコンフィチュールやチョコレートを中心にして構成する。ここではチョコレートと抹茶のトリュフと焼き菓子、オレンジとグレープフルーツのピールを2人分の盛り合わせた。焼き菓子は、クロカンダンテール、はちみつのフィナンシェ、ダックワーズ。食感や味わいの異なるものを楽しんでいただく。

ダックワーズ用の型は、発泡スチロールで作った自家製。好みの大きさにできる。

※作り方は205ページ

※作り方は 206 ページ

# 桃のロースト
# アイスクリーム添え

旬の甘味がいっぱいのフレッシュの桃をロース
トし、果肉のやわらかさと甘味を楽しむデザー
ト。周囲にしくサバイヨンソースはシャンパン
を使い風味を豊かにしたもの。それを香ばしく
キャラメリゼするので、香りも芳醇になる。

※作り方は 206 ページ

# グラタン・オ・フレーズ

香ばしく焼き色をつけた生クリームのソースの中から冷たいココナッツのシャーベットといちごが現れ、温度差が楽しいデザート。ココナッツのシャーベット以外にバニラアイスクリームもよい組み合わせ。

中にソルベ・ココ（ココナツのシャーベット）といちご、ミントを盛り、グラタン用のソースをかけて焼く。

※作り方は 206 ページ

# プラムの赤ワイン煮

赤ワインでぷっくりと煮た、干しプルーンの香りのよさが魅力。あっさりしたデザートを好む人に喜ばれ、シンプルゆえに存在感がある。プルーンは、できれば大きめのジャンボプルーンを使いたい。

※作り方は 207 ページ

# フルーツのスープ

シナモンとミントをきかせた真紅の赤ワインのスープに色とりどりのフルーツを浮かべた、華やいだデザート。フルーツの上品な甘味が料理のあとの胃に抵抗なく、大人好みのデザートとして喜ばれる。赤ワインのスープは、軽めで色のきれいなワインで作り、デザートのスペシャリテに用いる重要なもの。

使う赤ワインは、少し軽めのものを選ぶ。

※作り方は207ページ

# りんごのパートフィロ包み
# アイスクリーム添え

サクッと軽くて香ばしいパートフィロと、甘くスパイシーなキャラメル色のりんごの取り合わせ。いわゆるアップルパイより軽く、上品な味わいが身上だ。焼き立ては冷たいアイスクリームと相性がよいので、必ず盛り合わせたい。

### りんごの煮方

1 りんごを4等分に切って皮をむき、白ワイン、グラニュー糖、ミント、シナモンスティックとともにやわらかくなるまで煮る。
2 煮たりんごを3等分し、バター、はちみつ、グラニュー糖をキャラメリゼしたフライパンに加える。
3 軽く焼き色がつくまで炒め、仕上げにシナモンパウダーをふる。

※作り方は 207 ページ

## バナナのムース

バナナの風味たっぷりの、口当たりのよいムース。フードプロセッサーを使い、材料を混ぜていくだけなので作り方は至ってシンプル。バナナはなじみがある分、ひと手間かけると高評価される。バナナの味がダイレクトに伝わるので、味のよいものを使う。

生クリームとバナナのピュレを混ぜるときは、泡立て器は使わず、ゴムべらで切るように合わせる。この段階で生地が少しゆるいようなら強めに混ぜ、7〜8分立てのかたさにする。

# 基本のフォン（だし）

*Fond blanc*
## フォン・ブラン

鶏に限らず肉料理のソース、魚料理にも用いる、汎用性の高いフォン。ソース全般、煮込み料理、スープなどに使い、フォン・ド・ボーと合わせる使い方もする。味のベースとしてコクを求めるため、材料には鶏ガラだけでなくフレッシュの丸鶏も使い、肉の旨味ののったフォンに仕上げる。原価をかけられない場合は、手羽先や鶏ガラを主体にしてもよいだろう。

[材料]
（仕上がり4ℓ分）
丸鶏（フレッシュのもの）…1kg
ひね鶏（だし用の老鶏）…1kg
玉ねぎ…2個
にんにく…1株
ローリエ…2枚
クローブ…2粒
長ねぎ（あればポワロー）…2本分
人参…1本
香草…ひとにぎり

[作り方]
1 野菜の下処理をする。人参は十文字に切れ目を入れる。玉ねぎにも切れ目を入れてローリエをはさみ、クローブを刺す。にんにくは横半分に切る。
2 鶏肉を寸胴に入れ、かぶるくらいの量の水を加えて強火で沸かす。沸いたら湯を捨てる。
3 鶏肉についたアクを流水でていねいに洗う。
4 3の鶏肉を寸胴に戻し、たっぷりの水を入れて再び強火で沸かす。沸騰しないギリギリの状態を保ちながら4〜5時間煮出す。途中で浮かんでくるアクはまめに取る。
5 1の人参、玉ねぎ、にんにくとその他の材料を加えて静かに煮出す。野菜からもアクが出るため、まめに取り除く。
6 6時間ほど煮出して、目の粗いシノワで漉す。
7 6を寸胴に戻し、もう一度沸かしてアクを取る。この作業をおろそかにするとクリアに仕上がらないので、手を抜かない。
8 目の細かいシノワで漉す。
9 氷水に当てて急いで粗熱を取り、冷蔵庫に移す。料理の用途や、保存スペースの都合によっては、もっと煮詰めてから保存してもよい。

## *Fume de Poisson*
## フュメ・ド・ポワソン

魚料理やそのソース、スープに使う白いだし。魚の香りを豊かにすることを目的とし、雑味がなく、クリアであることが必要な条件。材料の魚は、くせのない白身魚であれば何でもよい。種類が多い方が風味やコクが複雑になる。魚は最初の下ごしらえに手間をかけ、ていねいに内臓やエラ、血合を取り、さらに水に浸して血抜きをしてから使う。煮出し時間は30分と比較的短い。

[材料]
（直径30cmの半寸胴を使用）
白身魚のアラ（スズキ、ホウボウ、スズキ、ヒラメなど）…3kg
生姜…1片
玉ねぎ…中1個
エシャロット…少々
ポワロー（青い部分）…1本
香草（葉を使い終わった茎でよい）…ひとにぎり
ローリエ（ドライ）…2枚

[作り方]
1 魚の掃除をする。内臓やエラ、血合を取り、中骨を掃除しやすい大きさに切る。魚によっては水に2〜3時間浸し、血抜きをする。魚の鮮度がよければ、この手順は省いてよい。
2 アラの水気をよく切り、鍋に水をはって強火で沸かす。
3 浮いてくるアクをすくい取る。
4 薄切りした生姜と玉ねぎ、エシャロット、ポワロー、香草、ローリエを加え、強火にする。
5 沸いたらすぐ弱火にしてアクをすくい、静かに沸騰させて約30分間煮出す。
6 目の細かいシノワで漉す。
7 6のフォンをもう一度沸かしてアクを取り、ざる2枚とキッチンペーパー2枚を交互に重ねたもので静かに漉す。
8 氷をはったボウルで急いで粗熱を取り、冷蔵庫に保管する。

## *Bouillon de legumes*
## ブイヨン・ド・レギューム
（クールブイヨン）

野菜の甘味を抽出しただしで、魚介や野菜のソース、スープに使う。鶏料理用のソースにフォン・ブランと半々で合わせたり、エスカルゴや魚介の下茹で用のクールブイヨンとしても使う。ソースには使わず、魚介の下茹でで中心に使うのなら、わざわざ仕込まず、野菜の茹で汁に白ワインビネガーを加えたもので代用する方が合理的。

[材料]
（直径30cmの半寸胴を使用）
玉ねぎ…1個
人参…小1本
ポワロー…1/2本
セロリ…少量
トマト…1個
にんにく…1/2株
ローリエ（ドライ）…2枚
香草の茎…適量
シャンパンビネガー（白ワインビネガーやレモン汁でもよい）…適量

[作り方]
1 玉ねぎ、人参、ポワロー、セロリは薄切りまたは細かく切る。トマトは横半分切る。これらと残りの材料をすべて鍋に入れて沸かす。
2 シャンパンビネガーを加える。
3 途中で浮かんでくるアクをこまめに取り除き、30〜40分ほど煮出す。
4 目の細かいシノワで漉す。
5 さらに、2つのシノワと2枚のキッチンペーパーを交互に重ねたもので漉す。
6 5をいったん鍋に戻して沸かし、アクを取り除く。
7 保存用の容器に移して氷水に当てて粗熱を取り、冷蔵庫に入れる。

# 基本のフォン（だし）

*fond de veau*

# フォン・ド・ボー

仔牛の骨や野菜を焼いてから煮出すフォン。主に茶色いソースや煮込み料理に使う。この段階では完成品ではなく、これをベースとし、フォン・ブランと組み合わせたり、調味料や香草を加えて煮詰めて、初めて味が完成する。仕込みでは骨の焼き具合が大切で、骨をどこまで焼くかは、シェフによって違い、味作りへの考えが出る。骨を煮出す時にしっかりアクを取り除くことも重要なプロセスである。

[材料]
（直径36cmの寸胴を使用）
仔牛の骨…10kg
牛すじ…2kg
サラダ油…適量
玉ねぎ…大5個
人参…4本
にんにく…1株
トマト…6個
グラニュー糖…ふたつまみ
香草…ひとにぎり
セロリ…1本
長ねぎ（青い部分）…5本分
ローリエ（ドライ）…2～3枚

[作り方]
1 仔牛の骨を焼く。鉄板に骨と牛すじを並べ、サラダ油をまんべんなくかけ、200℃ほどのオーブンで20分程度焼く。
2 途中4～5回ほど骨を転がして、全体に焼き色を付ける。
3 乱切りにした玉ねぎと人参、横半分に切ったにんにく、半分に切ったトマトをフライパンで炒める。最初にグラニュー糖をふたつまみほど加えると、香ばしさが出る。
4 2の骨がきつね色になっていたら煮出し用の大鍋に移す。
5 骨を焼いた鉄板に水をはって火にかけながら、肉の旨味をこそげ取る。
6 5の水分を大鍋に移す。さらに水をたっぷり入れて火力を最大にし、ふたをして沸かす。
7 3の野菜を大鍋に移し、野菜を炒めたフライパンに水を入れてデグラッセし、旨味をこそげ取ってこれも大鍋に加える。
8 残りの野菜と香草、ローリエを加えて12時間ほど弱火で煮出す。途中で水を3～4回足し、蒸発分を補う。
9 アクをまめに取りながら、表面がおだやかに動くミジョテの状態で12時間煮出す。
10 粗目のシノワで漉し、いったん漉したものを火にかけて再び沸かし、アクと脂を取る。
11 目の細かいシノワで再び漉す。
12 氷をはったボウルに移して粗熱を取り、冷蔵庫で保管する。写真は冷蔵庫で保管している状態のもの。

## Consommé
## コンソメ

本来はフォンではなく、スープの完成形だが、少し濃く煮詰めてソースとしても活用する。贅沢な味作りの表現の1つだろう。まずオックステールのフォンを取り、牛挽き肉と卵白をよく練り合わせたものにオックステールのフォンを加え、加熱してひたすらクリアに煮出していく。オックステールのフォンの手順は、フォン・ブランとほとんど同じ。また、このオックステールのフォンは、コンソメ用のフォン・ブランともいう。それに対し、鶏だけでとるフォン・ブランは、ノーマル・フォン・ブランという。

[材料]（仕上がり約4ℓ）
\*材料A
　オックステールのフォン
　（仕上がり約15ℓ分）
　オックステール…1.2kg
　丸鶏（フレッシュのひな）…3羽
　鶏ガラ…2kg
　玉ねぎ…3個
　にんにく…1株
　ローリエ…2枚
　クローブ…少々
　長ねぎ（あればポワロー）…2本分
　人参…2本
　香草…ひとにぎり

\*材料B
　和牛スネ肉の挽き肉…2kg
　人参…1/2本
　玉ねぎ…1個
　セロリ…少々
　生姜…100g
　エストラゴン（ドライ）…大さじ1
　黒胡椒…大さじ1/2
　卵白…12個分
　エストラゴン（フレッシュ）…4本

[作り方]
1 材料Aでオックステールのフォンをとる。オックステールと丸鶏1羽が加わること以外、手順はフォン・ブランの1から9と同じ（P.138参照）。ただし、完成直前に目の細かいシノワで漉す作業は2回行い、よりクリアに仕上げる。完成したフォンは冷蔵庫で冷やし、空の鍋も一緒に冷やしておく。
2 ここからは材料Bを使う。最初に人参、玉ねぎ、セロリ、生姜をみじん切りにしておく。
3 挽き肉を手でよくもみ込み、2の野菜を加えてさらによく混ぜる。ドライのエストラゴンと黒胡椒も加える。
4 卵白を溶かずに加えて、肉のかたまりの間に入れこむように混ぜる。材料が温まってはいけないので、3、4の工程は手早く行う。
5 4を冷やしておいた鍋に移し、冷やしておいた1のオックステールのフォンを4に一度に加える。
6 強火にかけ、鍋底で8の字を書くようにして混ぜる。鍋底に肉がつかないよう混ぜ続ける。
7 次第に白くなってアクが出てきて肉がかたまり始める。沸騰直前で混ぜるのをやめる。かたまりとなった肉が浮かんできたら、火力を弱める。
8 浮かんできた肉の中央にレードルで穴をあけてドーナツ状にし、熱を一定方向に対流させる。表面が穏やかに沸いている状態を保つ。弱いと肉のかたまりが沈む。
9 フレッシュのエストラゴンを加えて3〜4時間弱火で煮続ける。途中、浮かんでくるアクや細かいくず肉を取り除く。
10 2枚のざると2枚のキッチンペーパーを交互に重ねて漉す。漉したものは再度沸かし、もう一度2枚のざるとキッチンペーパーを使って漉す。粗熱が取れたら冷蔵庫で保管する。

# 本書に登場するソース

## バジルソース

白身の魚や海老やタコ、サーモン、鶏肉にも合う万能な冷たいソースの代表格。茹で野菜などの温かいサラダに合わせてもよい。スライスアーモンドを松の実にする、パルミジャーノは加えないなど、作り手によって味作りは異なる。ピストソースと呼ぶ場合もあり、ピストは"すりつぶす"という意味。

[材料]
バジルの葉…40g
スライスアーモンド…45g
にんにく…2個
パルミジャーノ…30g
塩…ふたつまみ
オリーブ油…適量

[作り方]
1 バジルの葉をつみ、茎からはずしておく。から煎りして香りを出したスライスアーモンドと皮をむいて芽を取ったにんにく、パルミジャーノをミキサーに入れる。
2 攪拌してピュレ状にする。
3 攪拌しにくいときはオリーブ油を加える。
4 塩とバジルの葉を加え、全体がピュレ状になるまでミキサーにかける。

## ビネグレットソース

フレンチドレッシングという名でも知られ、アミューズや前菜、サラダには、このソースが不可欠。基本は、酢1に対し、植物油を3の割合で合わせること。ワイン酢も植物油も種類は多いので、組み合わせによって持ち味が異なるが、このルセットは最も基本といえる。

[材料]
シェリービネガー…150cc
エシャロット（みじん切り）
　…適量
塩・胡椒…適量
クルミ油…150cc
ピーナツ油…300cc

[作り方]
1 ミキサーにシェリービネガーとみじん切りにしたエシャロットを入れる。
2 塩・胡椒を加え、いったんミキサーにかけて塩を溶かす。
3 クルミ油を加え、ミキサーにかけ、充分に混ぜてからピーナツ油を加える。
4 もう一度ミキサーにかける。

# クーリ・ド・トマト

完熟トマトのおいしさが決め手の冷たいトマトのソース。白身魚や海老、タコ、鶏肉、イワシやサバなどの青魚に好相性。ドレッシングと同様にして使い、彩りとしても効果的。シェリービネガーが入っているため保存がきく。調味料の量は、トマトの甘さによって加減する。クーリとは、野菜や果物を液状にして調味したもの。

[材　料]
完熟トマト（中）…5個
塩…少量
グラニュー糖…少量
シェリービネガー…適量
オリーブ油…適量

[作り方]
1. トマトのヘタをナイフでくり抜き、皮を湯むきする。
2. 横半分に切って種を取り除き、バットに並べて塩、グラニュー糖、シェリービネガーをふって半日置く。
3. フードプロセッサーかミキサーにかける。トマトが白っぽく泡立つほど攪拌しないこと。提供直前にオリーブ油を加えてさっと混ぜてから使う。

# マヨネーズソース

日本の食卓で欠かせないマヨネーズだが、フランス料理では、多様な派生ソースを作る土台としての使い方が主流。ピクルスや香草、茹で卵をプラスしたり、他のソースやフォンと混ぜ、味に奥行きを出す。油は、加えた時に分離しないよう冷やしておかない。また、精製度の高いものを使う。

[材　料]
卵黄…2個
マスタード（練りタイプ）
　…大さじ2
塩…5つまみ
ピーナッツ油
（またはサラダ油）
　…400〜500cc

[作り方]
1. ボウルに卵黄とマスタード、塩を入れ、泡立て器でよく混ぜる。
2. 絶えずかき混ぜながら、ピーナッツ油を少しずつ加える。つながっていない段階でさらに油を加えると分離してしまうので、つながっていることを確認しながら加える。作ったマヨネーズは、10℃くらいの冷暗所で保存する。

本書に登場するソース

# 筍のソース

筍を煮出したスープを煮詰め、バターモンテして仕上げたソース。このような、素材を煮出したスープを煮詰めてバターでつなげたソースは、大根やきのこ、貝類などを使っても味がよく、応用の幅が広い。季節感を表現するためにも重要なソースである。

[材　料]
筍…1本
米ぬか…1カップ
赤唐辛子…1本
フォン・ブラン…300cc
バター…大さじ2
レモン汁…少量
塩・胡椒…適量
シブレット…大さじ1

[作り方]
1　深めの鍋に筍を入れ、米ぬか、赤唐辛子を加えたたっぷりの水で、竹串がすっと通るぐらいまで茹でる。茹で汁につけたまま冷ます。
2　筍の皮をむいて半分に切り、フォン・ブランで約15分煮る。
3　筍を取り出し、フォン・ブランを1/3程度にまで煮詰め、大さじ2のバターを加えてモンテする。
4　つながったらレモン汁、塩、胡椒を加えて味をととのえる。
5　シブレットを加える。

# カレーソース

カレー粉とフォン・ブランを煮詰め、生クリームで濃厚さを出すソース。手軽に作ることができ、野菜や魚介に幅広く合う。市販のカレー粉にターメリックやクミン、ガラムマサラなどのスパイスを加え、オリジナルの風味づくりをする。

[材　料]
自家製カレー粉
　（ターメリック、クミン、
　　ガラムマサラ等…各適量）
　　　　　　　　…小さじ1
フォン・ブラン…120cc
生クリーム…大さじ1
バター…大さじ1/2
塩…適量

[作り方]
1　市販しているカレー粉をベースにして自家製カレー粉を作る。ターメリックは黄色と香り、クミンはほのかな甘みと赤い色が加わる。ガラムマサラを加えるとよりスパイシーになる。
2　小鍋にフォン・ブランを入れ、半分になるまで煮詰めてカレー粉、生クリームを加える。
3　バターを加えてモンテし、塩で味をととのえる。

# ソース・トリュフ

フランス料理で特に大切な食材の、トリュフを堪能させるソース。香りのポイントとなるトリュフのキュイソン（煮汁）は、湯煎してエキスを抽出し、それを加える。肉に何でも合い、汎用性が高い。トリュフのキュイソンを取るには、スチームコンベクションオーブンを使ってもよい。その場合は、真空調理用の袋にトリュフを入れて真空にかけ、100℃で90分加熱する。

[材料]
トリュフ…適量
塩…ひとつまみ
ミネラルウォーター
　…適量
バター…適量
にんにく（みじん切り）
　…1個
タイム…1本
エシャロット…1個
シャンピニオン…2個
赤ポルト酒…100cc
コニャック…200cc
フォン・ド・ボー…150cc
フォン・ブラン…150cc
バター…適量

[作り方]
1 まずトリュフのキュイソンを取る。トリュフをふた付きのガラス器に入れ、ひとつまみの塩とミネラルウォーターを注ぐ。これを沸かした湯に入れ、90分間湯煎する。
2 出来上がったトリュフのキュイソン。
3 2のトリュフを細かく刻む。
4 バターを溶かした鍋ににんにくとタイムを入れ、薄切りしたエシャロットとシャンピニオンも加えて、色が付かないようにスウェする。
5 しんなりしたら、ポルト酒とコニャック、フォン・ド・ボーとフォン・ブランを加え、半分になるまで煮詰める。
6 別の鍋に3の刻んだトリュフを入れ、煮詰めた5を漉しながら加えて1/5程度になるまで煮詰める。
7 バターをちぎりながら加え、軽く混ぜてモンテする。
8 2のトリュフのキュイソンを加えて仕上げる。

# フレッシュトマトのソース

生のトマトを使うフレッシュなソース。トマトは水っぽくなく、甘味の強い完熟品を使う。フルーツトマトなど、皮がおいしいトマトの場合は皮をむかずに調理する。肉も魚介も相性がよく、バケットにのせればオードブルにもなる便利なソース。作りおきせずに、その都度作る。

[材料]
トマト…1個
バルサミコ酢…大さじ1
オリーブ油…大さじ2
バジル…適量
塩・胡椒…適量

[作り方]
1 トマトは細かく刻み、バルサミコ酢、オリーブ油、バジルのみじん切りを加えてよく混ぜる。塩、胡椒で味をととのえる。

本書に登場するソース

# 焦がしバターソース

バターが焦げる寸前まで加熱し、香りを最大限に引き出して提供するソース。タイミングが遅れると、バターはあっという間に焦げてしまう。仕上げでもたもたしても香りが飛んでしまうので、とにかく手際のよさが重要だ。主役の素材を焼いたときにフライパンや鉄板に残る、焼き汁をベースにして作り、ここでは P.55 のバベットステーキの焼き汁からソースを作る。

[材料]
バター…大さじ4
エシャロット（みじん切り）
　…小さじ2
パセリ（みじん切り）
　…小さじ1

[作り方]
1 肉を焼いた後のフライパンに残った余分な油を捨て、バターを加える。
2 強火にかけてバターを焦がす。バターがほんのり褐色に色づき、香ばしい香りがしてきたら火からはずす。
3 エシャロットとパセリを素早く加えて混ぜ、ソースを仕上げる。

# イチジクのソース

イチジクやはちみつとシェリー・ビネガーで作られた、甘酸っぱいとろみのあるソース。鴨やフォアグラに合う。イチジクの甘味が1つ1つ違うのでルセットに頼らず、その都度味を見て、酸味、甘味のバランスを考えながら仕上げる。イチジクに濃度があるためモンテしても分離しにくく、技術的には作りやすいソース。

[材料]
イチジク…3個
バター…大さじ4
はちみつ…大さじ2
シェリービネガー…大さじ2
フォン・ド・ボー…100cc
フォン・ブラン…100cc

[作り方]
1 イチジクの皮をむき、1cm角に刻む。中火のフライパンにバターを落として溶かす。
2 はちみつを加え、軽く焦げ目がつくまで加熱する。
3 1で用意した刻んだイチジクを加え、よくソテーする。
4 シェリービネガーを加えて少し煮詰める。
5 フォン・ブラン、フォン・ド・ボーを加えてさらに煮詰める。1/4ほどになったら火を止める。
6 バターを加えてモンテし、ソースを仕上げる。

# きのこのマデラソース

深みのある甘さが魅力のきのこをマデラ酒に、きのこの旨味をのせたソース。以前はドミ・グラスソースを加えて煮込んだが、いまはフォン・ド・ボーを煮詰めることが一般的。牛、豚、鶏、羊、ウサギも合い、使いやすいソースである。

[材　料]
しめじ…1パック
椎茸…8枚
シャンピニオン…8個
サラダ油…適量
エシャロット（みじん切り）
　…1個
マデラ酒…60cc
フォン・ド・ボー…50cc
生クリーム…40cc
バター…大さじ1
塩・胡椒…適量

[作り方]
1 フライパンにサラダ油を熱し、食べやすい大きさに切ったきのこを中火で炒める。途中で塩を加えて炒め、しんなりしたらエシャロット、マデラ酒の順に加える。
2 水分がなくなるまで煮詰め、フォン・ド・ボーを加える。
3 さらに煮詰めて生クリームを加え、生クリームが沸騰したら火を止める。
4 バターを加えてモンテし、塩・胡椒で味をととのえる。

# カシスソース

鳩や鴨、鹿などのジビエ系の赤身の肉に合わせる、甘味と酸味を合わせ持ったソース。最初に、エシャロットのみじん切りとはちみつをキャラメル状になるまで炒めて赤ワインビネガーを加えて煮詰め、ソースのコクを出すガストリックを作る。この後、カシスのリキュールやフォン・ド・ボーを加えて煮詰めていく。

[材　料]
エシャロット（みじん切り）
　…大さじ1
はちみつ…大さじ1
赤ワインビネガー…30cc
クレーム・ド・カシス…30cc
フォン・ド・ボー…250cc
バター…適量
※はちみつはイタリア産。
　クローバーから取ったもの。

[作り方]
1 鍋に、エシャロットのみじん切りとはちみつを加え、キャラメル状にする。
2 赤ワインビネガーを加えて煮詰め、クレーム・ド・カシスも加えてさらに煮詰める。
3 フォン・ド・ボーを加えて煮詰めて漉す。
4 漉したものをいったん沸かし、バターを加えてモンテする。

## ラビゴットソース

フレンチドレッシングとして知られているビネグレットソースの応用ソース。ビネグレットは、酢1対油3の割合が基本で、それにオリーブの実やピクルス、茹で卵などを合わせたのがこのソースである。フランスでは豚の頭や脳味噌などを茹で、このソースを組み合わせることが基本である。

[材　料]
ビネグレットソース…100 cc
オリーブの実…6粒
ケッパー…大さじ1
ピクルス（コルニッション）
　…4本
エシャロット…1/2 個
玉ねぎ…1/4 個
茹で卵…1個
パセリ…適量

[作り方]
1　オリーブの実、ケッパー、ピクルス、エシャロット、玉ねぎ、茹で卵を使う。どれもみじん切りにしておく。
2　茹で卵以外の材料とビネグレットソースを混ぜる。
3　茹で卵を最後に加える。先に入れると黄身でソースが濁るため。

## ベシャメルソース

ホワイトソースとも呼ばれ、かつてはとても重要なソースだったが、現代では重いとされて作る機会は減っている。しかしクリーミーでやさしい味は、他のソースでは味わえない魅力がある。多くの派生ソースを持つ土台のソースなので、必ずマスターしたい。

[材　料]
牛乳…1ℓ
バター…60g
小麦粉…60 g

[作り方]
1　牛乳を沸かしておく。
2　鍋を加熱してバターを溶かし、泡立ったら小麦粉を入れる。
3　スパチュールで色が付かないよう混ぜ、なめらかになるまで加熱する。
4　氷水に当てて冷やす。温度差を付けることが大事なので、氷水を使う。
5　粗熱が取れたら、1の沸かした牛乳を少しずつ加え、泡立て器で混ぜる。
6　とろみがつくまで混ぜながら加熱する。
7　へらですくったとき、タラタラとゆっくり流れ落ちるくらいの濃度になったら加熱をやめる。
8　シノワで漉す。

# ブールブランソース

魚料理全般に組み合わせる、基本的なソース。バターの風味が仕上がりの味を決めるので上質のものを使う。風味のよさからポワトゥー地方の"エシレ"バターがおすすめだ。最初に酢を煮詰めてレディクションを作り、生クリームを加え、バターをモンテして仕上げる。伝統的な作り方では生クリームを加えないためバターが分離しやすいが、このルセットでは生クリームを使うのでモンテしたときにバターが分離しにくく、作りやすい。

[材料]
エシャロット（みじん切り）…大さじ1
エストラゴン…1本
白ワインビネガー…大さじ2
白ワイン…80cc
ノイリー酒（甘い白ワインでも可）…大さじ3
生クリーム…120cc
バター…大さじ1
レモン汁…少量

[作り方]
1 小鍋にエシャロット、エストラゴンを入れ、白ワインビネガー、白ワイン、ノイリー酒を加えて火にかける。
2 水分がなくなるまで煮詰め、レディクションを作る。
3 生クリームを加えて軽く沸かす。
4 鍋を火からおろしてバターを少しずつ加えてモンテする。
5 シノワで漉してなめらかにする。
6 レモン汁を加える。

# シャンパンソース

白身魚にとっての基本的なソース、ブール・ブランソース（上記参照）の応用ソース。白ワインで香りをつける代わりにシャンパンを使う。ブール・ブランソース同様、白身魚と好相性。シャンパンはソースを煮詰めるときに少々残しておき、最後にも加えて華やかな香りをプラスする。

[材料]
エシャロット…1個
シャンピニオン…3個
エストラゴン…1本
シャンパン…100cc
ノイリー酒（甘めの白ワインでも可）…70cc
シャンパンビネガー（白ワインビネガーでも代用可）…50cc
白ワイン…40cc
生クリーム…200cc
バター…200g
レモン汁…少量

[作り方]
1 小鍋に薄切りにしたエシャロットとシャンピニオン、エストラゴンを入れ、シャンパン、ノイリー酒、シャンパンビネガー、白ワインを注いで弱火にかける。
2 水分がほとんどなくなるまで煮詰める。
3 生クリームを加えて軽く煮詰め、バターを少しずつ加えてモンテする。
4 3を漉してレモン汁を加えて仕上げる。

## 軽い赤ワインのソース

色鮮やかで、甘酸っぱさが持ち味のソース。ポピュラーなソースの1つで、ここではタンニンの濃くない軽いタイプの赤ワインを使い、白身魚に合わせた。赤ワインはブルゴーニュ系がよいだろう。魚全般によいが、貝や海老にはやや不向き。

[材料]
バター…大さじ1と1/2
エシャロット…1個
シャンピニオン…4個
にんにく…1かけ
タイム…1枝
グラニュー糖…少量
赤ワイン…400cc
ポルト酒…少量
フォン・ブラン…150cc

[作り方]
1 鍋にバターを入れ、スライスしたエシャロットとシャンピニオン、粒のままのにんにく、タイムを加えてしんなりするまで炒める。
2 ひとつまみのグラニュー糖、赤ワイン300cc、ポルト酒を加え、照りが出るまで煮詰める。
3 1/4ほどになったらフォン・ブランを加え、さらに1/4まで煮詰める。
4 別の鍋に赤ワイン100ccを入れ、ポルト酒少々とひとつまみのグラニュー糖を加えて1/4まで煮詰める。
5 3を4に漉しながら加え、火にかけて沸かす。
6 バターでモンテして仕上げる。

## モルネーソース

ベシャメルソース（P.148を参照）の最も代表的な応用ソース。ベシャメルソースを作り、卵黄とチーズ、生クリームを加えてコクを出す。さまざまなチーズを使ってもよいが、パルミジャーノが一番合うと思う。白身魚やグラタン、パスタ、野菜など、応用できる範囲が広い。卵黄を混ぜるときは手早く行う。もしダマができてしまったら、目の粗いシノワで漉す。

[材料]
ベシャメルソース…350cc
生クリーム…70cc
パルミジャーノ…30g
卵黄…1個

[作り方]
1 ベシャメルソースを作って火にかけ、生クリームとすりおろしたパルミジャーノを加えて混ぜ、塩加減をととのえる。
2 火からおろして卵黄を加える。
3 手早く混ぜる。ダマができてしまったら、シノワで漉す。

# アメリケーヌソース

オマール海老の旨味と香りを閉じ込めたご馳走のソース。ソースを作るときはオマールの頭の殻をきっちりと焼き、海老の臭みが消すこと。オマール海老ばかりでなく、鶏肉やウサギ肉、他の魚介とも相性がよい。バターでモンテする前に生クリームを入れるので、バターによって分離することは滅多になく、仕上げやすいソースの1つ。

[材料]
オマール海老
　（1尾約500g）…1匹
塩…適量
白ワインビネガー…少量
オリーブ油…適量
◎香味野菜
　［玉ねぎ…1個、人参…1本、
　にんにく…1/2株］
ローリエ（ドライ）…少量
フォン・ブラン…600cc
白ポルト酒…100cc
生クリーム…100cc
バター…大さじ2

[作り方]
1 オマール海老を、塩と白ワインビネガーを少量を加えた湯（もしくはクールブイヨン）で茹で、氷水に落として冷ます。頭をはずして縦に2つに割り、天板にのせオリーブ油をふって200℃のオーブンで約15分ローストする。
2 1を鍋に移し、オリーブ油で炒めた香味野菜、ローリエ、フォン・ブランを加え、中火で30分煮込む。
3 2をシノワで漉し、1/4になるまで煮詰める。
4 別の鍋に白ポルト酒を入れて強火にかけ、アルコール分をとばした後、3を加える。
5 生クリームを入れて火にかける。
6 沸騰したら火を止め、バターでモンテする。

# ジュのソース

ジュとは焼き汁のこと。素材をフライパンなどで焼いたりローストした後に残る副産物で旨味でもある。これにフォン・ブランやワインを加えて煮溶かし（デグラッセという）、煮詰め、その後マスタードを加えたり、レモン汁をプラスしたりバターでモンテするなど素材に合わせて仕上げてソースにする。これはP.98の「牛フィレ肉のロースト」から作る。

[材料]
フォン・ブラン…300cc
バター…大さじ1強
塩・胡椒…適量
レホール（西洋わさび）
　…大さじ1/2

[作り方]
1 人参や玉ねぎをしいて牛肉を焼いた後、牛肉をのぞいて天板にフォン・ブランを加える。へらなどで天板にこびりついた旨味をこそげ落とす。
2 1の中身を野菜とともにシノワで漉しながら鍋に移す。
3 半分になるまで煮詰め、漉してバターでモンテする。
4 塩と胡椒で味をととのえ、レホールを加えてソースを仕上げる。

# オランデーズソース

卵黄を泡立てたサバイヨンに、澄ましバターを加えてクリーム状に仕上げる口当たりのよいソース。特にアスパラガスとは絶妙の相性だ。分離しやすく技術的にやや高度だ。湯煎の温度の管理、攪拌のスピード、澄ましバターの加え方のすべてが大事で、作り方が難しい。湯煎の温度は高めがよいが、攪拌のスピードが遅いと熱で卵が固まってしまうので手早さが必要。バターは少しずつ加えないとブツブツになるので、糸のように細くたらし、根気よく攪拌する。

[材 料]
卵黄…3個
塩…少量
水…60cc
澄ましバター…100g
レモン汁…少量

[作り方]
1 まずサバイヨンを作る。卵黄に塩と水を加えて混ぜる。
2 湯煎にかけ、固まらないように泡立て器で攪拌する。
3 全体がとろりとするまで攪拌を続ける。
4 ボウルを湯煎からはずし、澄ましバターを糸のように細く流して加えながら攪拌する。もったりしてきたらレモンを搾ってソースを仕上げる。

# キャラメルソース

特にデザートで重要なソース。クレームキャラメルやキャラメルソース、キャラメルのアイスクリーム、キャラメルのムースなどに使い、飽きることのないコクが魅力の味は、このソースがベースにある。グラニュー糖を甘味が出る寸前まで加熱して香ばしさを出す。

[材 料]
グラニュー糖…45g
水…少量

[作り方]
1 鍋にグラニュー糖を入れ、火にかけて溶かす。
2 色がつき、香ばしい香りが出てきたら火を止め、水を少し加えて濃い色がつくぎりぎりまで煮詰める。水を差すときにはねることがあるので火傷をしないように注意する。これを、用途に合わせて次の材料に加えていく。

# サバイヨンソース

卵黄を加熱しながら泡立ててふんわりとしたクリーム状にするソース。分離しやすく技術的にやや高度。オランデーズソースやベアルネーズソースの基本となる大切な技法で、温製のマヨネーズとも呼べるだろう。砂糖を加えてデザートに仕立てることもあれば、砂糖は加えず、料理用にすることもあり、そのソースは特にアスパラガスとは絶妙の相性。

[材 料]
卵黄…4個
グラニュー糖…40g
シャンパン
　（白ワインでもよい）
　…80cc

[作り方]
1　ボウルに卵黄、グラニュー糖を入れる。
2　よく混ぜ合わせ、シャンパンを加える。白ワインでもよい。
3　湯煎にかけながら、全体が白っぽくなってふんわりとし、とろみが出るまで泡立て器で攪拌する。

# アングレーズソース

卵黄と砂糖、牛乳から作る、菓子を作る基本のソース。ソース以外にスープとしても使う。バニラを加えて冷やし固めればバニラアイスクリームになる。ピスタチオのピュレやサフラン、ココナッツなど、多彩なフレーバーを加えることができ、応用ソースは多い。甘味を加えない、料理に使うバージョンもある。

[材 料]
牛乳…1ℓ
バニラ棒…1/2本
卵黄…10個
グラニュー糖…250g
※牛乳は、濃いタイプのものを使用。

[作り方]
1　鍋に牛乳とバニラ棒を入れ、火にかけて沸かす。
2　ボウルに卵黄とグラニュー糖を入れて全体が白くもったりするまで混ぜる。
3　泡立て器を持ち上げるとゆっくりと落ちる、この状態まで泡立てる。
4　3に1の沸かした牛乳を加えて混ぜ、中身を、牛乳を沸かした鍋に戻す。
5　加熱しながら木べらで混ぜる。次第にとろみがつく。
6　氷水とボウル、目の粗いシノワを用意し、氷水にボウルを当てながら、5をシノワで漉す。ゴムべらをシノワに押し当て、バニラ棒をつぶすようにする。
7　漉した直後のソースの濃度の状態。冷めると濃度がつくので、指で線を引くとあとが残る程度がちょうどよい。
8　氷水に当て、混ぜながら冷やし、冷蔵庫で保存する。

# 基本の調理技法

## Saler
### 塩の振り方

肉をローストする、魚をポワレする、サラダをメランジェするなどの直前には、食材に塩をふる手順が欠かせない。この塩は、食材の旨味を最大限に引き出すためのもので、この塩の加減がよくないと、ソースやドレッシングを合わせたとき、素材に味がのらない。厨房では、下味やマリネなどには細かいさらさらした精製塩を使う。それに対し、フォンやコンフィの漬け込み、あとから塩を加えて調味する料理にはやや粗目の天然塩を、ブランシール（下茹で）には岩塩というように使い分ける。

## Monter
### モンテ

ソースやポタージュの仕上げにバターを加え、溶かして混ぜ込み、乳化させる技法。バターの状態や加え方、混ぜ方、鍋の火力の調節などどれも大事で、分離しやすく失敗も多い手法だ。まず、バターは冷やしておき、小さくちぎりながら加える。加えるときは鍋を火からはずし、泡立て器で混ぜたり鍋をゆすったり、へらで混ぜたりする。ソースが乳化したら再び火にかける。このときに火にかけ過ぎるとバターが分離してしまうので油断しない。何度も作り、バターを加えるタイミングや鍋の温度のコントロール法を体得する。

## Arroser
### アロゼ

ローストの途中で、したたり落ちる脂や焼き汁をレードルなどですくって素材にかけたり、ハケでぬる作業のこと。素材の乾燥を防ぐ目的のほか、脂が素材につくことで素材の表面が高温になり、表面が早く引き締まり旨味が逃げない効果がある。

## Suer
### スュエ

野菜を炒めるとき、野菜が持つ水分を利用して、野菜に汗をかかせるように、色をつけずにしんなりするまで弱火で炒めること。スープの調理で特に重要で、本書では、P.19の3種類のスープを作る手順で登場している。スュエとは「汗をかく」の意。

## ポワレ

クラシックなフランス料理では、ポワレは素材をバターや香味野菜と一緒にふたをした鍋に入れ、オーブンで蒸し焼きにした料理を指す。現代のフランス料理では、素材をバターや油で、フライパンで焼く料理を指すことが断然多い。身や肉の厚い食材の調理には不向きだが、魚介や肉類など幅広い素材に合った手法である。魚の場合は、ムニエルとは区別して粉をつけずにフライパンで焼く。皮側を7割焼いたところで裏返し、余熱や身の厚さを考えてもう片方を焼く。

## シズレ

シズレは野菜をつぶさないように水分が出ないように細かく刻むことを指す。繊維の方向を考えて切る。本書では、P.30の「マグロとアボカドのタルタル」で登場している。これに対し、アッシェはみじん切り、プディテは繊維をつぶさないように小さく四角に切る切り方。また、ブリュノワーズは5mm角に切るさいの目切りのこと。粗く刻むことはコンカッセという。

## メランジェ

メランジェとは混ぜ合わせるという意味。特にサラダをドレッシングとメランジェするときは、まず塩を全体の野菜とからめ、その次にビネグレットが均一に行き渡るように指でふんわりと混ぜ合わることで、ドレッシングがまんべんなく行き渡る。

## デグラッセ

調理に使った鍋やフライパンに、ワインやフォン、その他の液体を液体を加えて鍋底についた肉汁や煮汁の旨味を煮溶かすこと。煮溶かしたものはソースやフォンなどに加え、旨味を強める。

# よく使われる調理手順

## サーモンマリネ

前菜やアミューズ、野菜と組み合わせてサラダにするなど用途が広い。下ごしらえに使う塩はサーモンの重量の10～11%で、塩と砂糖は、7対3の割合にする。

[材 料] (作りやすい分量)
サーモン (生食用)…500g
塩…55g
グラニュー糖…23g
アネット…適量
レモン (輪切り)…20枚
オリーブ油…適量

[作り方]
1 サーモンを三枚におろして骨を抜き、皮目を上にしてバットに置く。塩とグラニュー糖を混ぜたものの半分を片面にすり込み、アネットとレモンの輪切りを並べる。
2 サケを裏返し、残りの塩とグラニュー糖をすりこみ、アネットとレモンを並べる。これを冷蔵庫で12時間ねかせる。
3 水洗いして水気を取り、アネットとたっぷりのオリーブ油を加え、10～12時間マリネする。バットではなく、真空調理用の包装をして冷蔵庫でねかせてもよい。24時間後から食べ頃となる。

## グージェール

クージェールは、シュー生地から作る塩味のシュー。P.130のプロフィトロールもシュー生地がベースで、その場合はこの材料からナツメグとパルミジャーノを抜く。

[材 料] (6人分)
牛乳…250cc
水…250cc
塩…小さじ2
グラニュー糖…小さじ2
バター…200g
小麦粉…300g
ナツメグ…少量
卵…8個
パルミジャーノ…150g

[作り方]
1 鍋に牛乳、水、塩、グラニュー糖、バターを入れて火にかける。沸騰したら小麦粉を一度に加える。
2 木べらでよく混ぜ、ナツメグを加えてさらによく練る。
3 卵を1個ずつ加え、生地がなめらかになるまでよく混ぜる。
4 生地を絞り袋に入れ、オーブン用シートをしいた天板に直径3cmほどに絞り出す。指に水をつけて生地の先を丸め、200℃に熱したオーブンで約20分焼く。

# カルパッチョ

カルパッチョとはイタリア料理の代表的なものの1つ。生の牛肉にマヨネーズをベースにしたソースをかけて味わうが、いまではマグロや白身魚、帆立貝など生の魚介を使い、パルミジャーノやオリーブ油をかけた料理も含めるようになった。

[材 料]
牛ロース肉…適量
パルミジャーノ…適量
塩・胡椒…適量
ビネグレットソース…適量
マヨネーズソース…適量

[作り方]
1 牛肉を薄くスライスし、肉叩きなどでさらに薄くのばして形をととのえ、皿に並べる。
2 牛肉に塩・胡椒をふり、ビネグレットソースをぬる。
3 絞り袋を使ってマヨネーズを絞り出す。
4 料理により、薬味やビネグレットで和えた野菜をのせたり、薄く削ったパルミジャーノを飾る。

# 鴨の温燻

短時間で肉に香りをつけて鴨肉の風味と旨味を高める、温燻という調理法。仔羊や鶏肉もよい。生食できるヒラメや帆立貝などの魚介ならば、煙が出てきてから魚介をのせ、加熱時間を30秒〜1分と短くする。

[材 料]
鴨ロース肉…適量
塩・胡椒…適量
サラダ油…適量
スモークチップ（桜）
　…適量

[作り方]
1 鴨肉に塩・胡椒をふり、サラダ油を熱したフライパンで両面を焼く。
2 フライパンにスモークチップをしき、1の鴨肉の皮を下にして網に置く。
3 ふたをして中火にかけ、そのまま5分間スモークする。指で押して弾力を感じるくらいが、仕上がりの目安。

# コンフィ

コンフィとは、鳥類や豚肉、ウサギ肉などを低温の脂で加熱し、素材を藁で刺せるほどにやわらかく煮る料理。フランス南西部のランドック地方で生まれた伝統料理で、もともとは保存食。鴨肉に火を通すときのラードの温度は80〜85℃で、電磁調理器の普及により、とても温度を管理しやすくなった。

[材 料]（作りやすい分量）
鴨のモモ肉…20本
粗塩…120g
にんにく（スライス）…適量
タイム、ローリエ、
　ローズマリー…各適量
ラード…適量

[作り方]
1 鴨のモモ肉にたっぷりの粗塩をすり込む。
2 にんにくのスライス、タイム、ローリエ、ローズマリーをのせる。裏側にも同様に粗塩とにんにく、香草をたっぷりまぶして半日おく。
3 鴨肉のにんにくや香草を取り除き、水気をきれいにふき取る。鍋にラードを入れて80〜85℃に保ち、鴨肉を5時間ほどじっくりと煮る。

汎用性の高い調理手順

## ツナ

缶詰でおなじみのツナは、前菜やサラダによく使う食材。既製品を活用してもよいが、自家製で仕込むと別物のおいしさ。作り方はコンフィに似ており、塩をふって余分な水分を抜いてから70〜80℃の油でゆっくりと煮る。

[材　料]
マグロ（生食用）…適量
塩…適量
オリーブ油…適量

[作り方]
1　生食用のマグロに多めに塩をふり、2〜3時間おく。
2　鍋にたっぷりのオリーブ油を入れ、70〜80℃の温度にする。
3　1のマグロを入れ、70〜80℃を保ちながらマグロに火が入るまで煮る。

## ポム・ロティ

料理の付け合わせとして使用頻度が高いガルニチュール。特に、肉類のローストにはよく用い、本書でも仔牛や仔羊、骨つき豚肉のロースト、バベットのステーキ、プーレ・ロティで登場している。

[材　料]
じゃがいも…適量
塩…適量
サラダ油…適量
タイム…適量
ローズマリー…適量

[作り方]
1　じゃがいもの皮をむいて適度な大きさに切る。
2　フライパンにじゃがいもを置き、塩とタイム、サラダ油をふり、ローズマリーをのせる。
3　200℃のオーブンに入れて、7〜8分間焼く。中まで火が入ったかどうかは、竹串などを使って確かめる。

## ポム・ピューレ

付け合わせや、盛り付けの際の土台、「アッシェ　パルマンティエ」（P.113）などに欠かせない。いわばマッシュポテトであるが、バターや生クリームを贅沢に加えるので、味わいはなめらかで濃厚。使う用途により、やわらかさを生クリームで調節する。

[材　料]
じゃがいも…4個
塩…適量
バター…50ｇ
生クリーム…100cc

[作り方]
1　じゃがいもの皮をむき、乱切りして塩茹でする。串がすっと通るまで火が通ったら水気をよく切る。
2　熱いうちに、裏漉しするかフードプロセッサーにかける。
3　バターと生クリームを加えて混ぜ、塩で味をととのえる。

日常の料理から本格派まで
# 最新フランス料理 新装増補版
## 作り方

- 魅了するデザート
- 盛り込み・取り分け料理
- フレンチスタイルの一品料理
- 繊細な味わいの魚介料理
- 旨味の肉料理
- 野菜たっぷりの魅力料理
- アミューズ・前菜

# アミューズ・前菜

## そら豆とパルミジャーノ　P.8

[材料]
そら豆…適量
塩…適量
オリーブ油…適量
パルミジャーノ…適量
サマートリュフ…適量
あしらい
　[マイクロ赤水菜、マイクロ赤水菜、マイクロレッドピリカラ…各適量]

[作り方]
1　そら豆は皮付きのまま、塩を加えた湯でほどよくやわらかく茹で、氷水に取り、水気を切る。
2　1のそら豆の皮をむき、塩とオリーブ油で和える。
3　器に盛り、スライスしたパルミジャーノとあしらい用のマイクロリーフとスライスしたサマートリュフを飾り、仕上げにオリーブ油をかける。
※あしらい用のマイクロリーフは、それぞれの持ち味に個性があり、香りや辛味が違うので、どんな風味をプラスしたいかを考えて取り合わせる。

## オリーブオイル　P.9

[材料]
グリンピース…適量
モツァレラチーズ…適量
オリーブ油…適量
塩…適量
胡椒…適量
グロセル（岩塩）…適量
※モツァレラチーズは水牛から作ったものを使いたい。

[作り方]
1　グリンピースはさやから実をはずし、塩を加えた湯でほどよくやわらかく茹でる。氷水に落として水気を切る。
2　モツァレラチーズを5mm角に切り、1のグリンピースとオリーブ油、塩で和える。
3　器に盛り、グロセルをのせ、仕上げにオリーブ油をかける。胡椒をふる。

## マグロのクリュー
P.10

[材料]
マグロ…適量
塩…適量
ドレッシング
　[フォン・ブラン(P.138参照)、オリーブ油、レモン汁…各適量]
オリーブの実(黒・緑)…各適量
あしらい
　[トマト、プチベール、ミニ赤じそ、マイクロレッドピリカラ、マイクロアマランサス、アネット、ミント…各適量]

[作り方]
1 マグロはなるべく薄く切り、皿に並べて軽く塩をふる。
2 ドレッシングを作る。フォン・ブランを煮詰め、オリーブ油とレモン汁を加える。これを1のマグロにぬる。
3 トマトはくし形に切り、さらにくし形に切ることを数回繰り返して小さくカットする。プチベールは塩を加えた湯で茹で、氷水に取って水気を切る。
4 3のトマトとプチベール、あしらいのマイクロリーフやフレッシュハーブを2のマグロに盛り付ける。

## 帆立のバジルソース
P.11

[材料]
帆立貝柱…1個
塩…適量
オリーブ油…適量
グリーントマト…適量
バジルソース(P.142参照)…適量
あしらい
　[マイクロアマランサス、マイクロレッドピリカラ、ミニ赤じそ、レッドフリルマスタード…各適量]
パルミジャーノ…適量

[作り方]
1 帆立貝柱は塩をふって5分ほどおいてから余分な水分を取り、薄く切る。
2 1の帆立貝柱を器に並べ、オリーブ油をぬる。
3 アッシェしたグリーントマトを散らし、あしらいの野菜類とピーラーで削ったパルミジャーノをのせる。
4 バジルソースを脇に添える。

## ノドグロの瞬間マリネ
P.12

[材料]
ノドグロ…適量
新玉ねぎ…適量
塩・胡椒…少々
小麦粉…少々
オリーブ油…適量
ビネグレットソース(P.142参照)…適量
オリーブの実(緑・黒)…適量
あしらい
　[ミニ赤じそ、マイクロ赤水菜、ローズマリー…各適量]

[作り方]
1 ノドグロをおろしてひと口大に切り、塩と胡椒をふり、小麦粉をまぶして油で揚げる。
2 新玉ねぎをひと口大に切り、オリーブ油で揚げる。
3 1と2を熱いうちにビネグレットソースとからめる。少し冷えるまで冷蔵庫に入れておく。
4 3を皿に盛り、ちぎったオリーブの実とあしらいのマイクロリーフやハーブを飾る。

## トマトのマリネと オリーブ サーモン

P.13

[材料]（作りやすい量）
トマト（赤、黄、ショコラ）…各適量
サーモンマリネ（P.156参照）…適量
オリーブの実（緑・黒）…各1粒
ビネグレットソース（P.142参照）…適量
バジルソース（P.142参照）…適量
あしらい
　［アンディーブルージュ、マイクロレッドピリカラ、マイクロサイズの人参菜、ミニデトロイト…各適量］
オリーブ油（仕上げ用）…適量

[作り方]
1　3種のトマトを食べやすく切る。オリーブは手でちぎり、ビネグレットソースで和える。
2　器に、薄く切ったサーモンマリネを盛り、1とあしらいをのせる。
3　バジルソースと仕上げのオリーブ油をかける。

## 甲殻類の冷たいコンソメと ラングスティーヌ カニ

P.14

[材料]（作りやすい量）
オマールとラングスティーヌのコンソメ
（仕上がり約1ℓ分）
材料A（仕上がり約4ℓ分）
　［オマールの頭…10尾分、ラングスティーヌの頭…10尾分、水…4ℓ、玉ねぎ…2個、にんにく…1株、ローリエ…2枚、クローブ…少々、長ねぎ（あればポワロー）…2本分、人参…1本、エストラゴン…2本］
材料B
　［和牛スネ肉の挽き肉…1kg、人参…1/4本、玉ねぎ…1/2個、セロリ…少々、生姜…50g、エストラゴン（ドライ）…大さじ1/2、黒胡椒…大さじ1/4、卵白…6個分、エストラゴン…2本］
ラングスティーヌ…2尾
ズワイガニ…適量
キャビア…適量
サマートリュフ…適量
加熱する野菜
　［カリフラワー、グリンピース、スナップえんどう、プチベール、ホワイトアスパラガス、ミニブロッコリー、ヤングコーン…各適量］
生野菜
　［アンディーブ、アンディーブルージュ、トマト、サラダほうれん草、チコリフリーゼ、ラディッシュ…各適量］
あしらい
　［アマランサス、マイクロフリルマスタード、ミニ赤じそ、セルフィーユ、アネット…各適量］

[作り方]
**オマールとラングスティーヌのコンソメを仕込む**

1　材料Aでオマールとラングスティーヌのフォンを取る。オマールとラングスティーヌの頭を鍋に入れ、かぶるくらいの水を入れ、強火で沸かす。
2　沸いたらアクと共に湯を捨て、オマール海老とラングスティーヌをていねいに水で洗う。
3　海老類を鍋に戻し、たっぷりの水をはって再び強火で沸かす。火力を調整し、ぎりぎりに沸騰しない状態を保ちながら3時間煮出す（ミジョテという）。途中アクが浮かんできたら、まめにすくう。
4　切り目を入れた人参やクローブをはさんだ玉ねぎなど、野菜と香草を入れ、そのまま静かに煮出す。野菜からもアクが出るので、こまめにすくい取り、3時間ほど煮出す。
5　目の粗いシノワで漉し、漉したものを鍋に戻してもう一度沸かしてアクを取る。アクはだいぶ少ないが、クリアに仕上げるためにおろそかにできない工程である。
6　目の細かいシノワで漉し、冷やしておく。オマールとラングスティーヌのフォンの完成。
7　ここからはBの材料を使う。牛スネ肉の挽き肉をよくもみ込み、人参、玉ねぎ、セロリ、生姜のみじん切りを加えてさらによく混ぜる。エストラゴン、胡椒も加える。
8　卵白を溶かずに加えて肉のかたまりの間に卵白を入り込ませるようにもみ込む。材料が温まってはいけないので、7、8の工程は手早く行う。
9　冷やしておいた空の鍋に8の挽き肉と卵白を混ぜたものを入れる。
10　9に、6のオマールとラングスティーヌのフォンを一度に加える。
11　強火にし、鍋底で8の字を書くようにして混ぜる。鍋の中は濁ってくるが、鍋底に挽き肉がつかないようにするために、混ぜる手は休めない。
12　だんだん白くなってきて、アクが出てくるところを、混ぜ続ける。
13　挽き肉が固まり始め、沸騰直前になったら混ぜるのをやめる。火力は強火のまま。かたまりとなった挽き肉が底から徐々に底から上がって来たら、火力を弱める。
14　上がって来た挽き肉のかたまりの中央に、レードルで穴をあけてドーナツ状にし、熱が一定に対流するようにする。火力は、表面が穏やかに沸いている状態を保つ。火力が弱過ぎると肉のかたまりが沈むので注意。

15 エストラゴンを加えて3〜4時間弱火にかける。時々、底から浮かんで来るアクや細かい肉を取る。
16 2つのざると2枚のキッチンペーパーを交互に重ねてコンソメを漉す。漉したものを沸かし、もう1回、2つのざると2枚のキッチンペーパーを交互に重ねて漉す。
17 粗熱が取れたら提供用の皿に盛り、器ごと冷やしておく。

### ラングスティーヌをポワレする

1 ラングスティーヌは頭と尾と殻を取り、背中を開いて背わたを取り除く。
2 塩・胡椒をふってフライパンでポワレする。

### ズワイガニを茹でる

カニの身を殻からはずし、塩と白ワインビネガー（分量外）を加えた湯で茹でる。クールブイヨン（ブイヨン・ド・レギュームP.139参照）で茹でてもよい。

### 加熱する野菜を準備する

カリフラワーとミニブロッコリーは小房に分けて塩を加えた湯で茹でる。スナップえんどうは塩を加えた湯で、さっと茹でる。グリンピースとヤングコーンは、塩を加えた湯でほどよくやわらかく茹でる。プチベールは塩を加えた湯で、さっと湯通し程度に茹でる。ホワイトアスパラは皮をむき、塩を加えた湯で茹でる。どれも、茹でたのち、氷水に落として水気を切り、必要に応じて切る。

### 生野菜を準備する

それぞれ食べやすく切ったりちぎったりする。

### 盛り付ける

ラングスティーヌとズワイガニを、コンソメを入れて冷やしておいた器に盛る。加熱した野菜と生野菜、あしらいを飾り、キャビアとサマートリュフを添える。

## 牛肉のカルパッチョ
P.15

[材料]（4人分）
牛ロース肉…300g
塩・胡椒…適量
ビネグレットソース
　[シェリービネガー…大さじ2、オリーブ油…大さじ6、塩・胡椒…各適量]
マヨネーズソース（P.143）…適量
付け合わせの野菜
　[プチトマト、コルニッション（ピクルス）、サラダ菜、トレビス、紅サンゴ、マーシュ、ラディッシュ…各適量]
長ねぎ、シブレット…各適量
パルミジャーノ…適量

[作り方]

1 付け合わせの野菜や薬味類の準備をする。プチトマト、コルニッションは縦に2つに切る。ラディッシュはスライスする。葉物の野菜は食べやすい大きさにちぎる。長ねぎはみじん切り、シブレットは小口切りにする。
2 トマトと葉物の野菜はビネグレットソースで和える。
3 P.157の手順を参照して、牛肉を薄くスライスし、肉叩きなどでさらに薄くのばして形をととのえ、皿に並べる。
4 3の牛肉に塩・胡椒をふり、ビネグレットソースをぬる。刻んだ長ねぎとシブレットを散らす。
5 絞り袋を使ってマヨネーズソースを絞り出し、ビネグレットソースで和えた生野菜を盛り付ける。薄く削ったパルミジャーノを飾る。

## ホワイトアスパラガスのロースト フルーツトマト添え
P.16

[材料]（4人分）
ホワイトアスパラガス…8〜12本
塩…適量
オリーブ油…適量
ビネグレットソース（P.142参照）…適量
付け合わせの野菜
　[フルーツトマト…2個、アンディーブ、トレビス、クレソン、マーシュ、チコリフリーゼ、ピンクロッサ…各適量]
レモン…適量

[作り方]

1 ホワイトアスパラガスは皮をむき、塩をふる。オリーブ油をかけて180℃のオーブンで約10分間ローストする。竹串がスッと通るようになったら取り出す。
2 付け合わせの葉物野菜は食べやすく切ったりちぎったりし、ビネグレットソースで和える。トマトはくし形に切ってビネグレットソースで和える。
3 ローストしたアスパラガスを並べ、2のフルーツトマト、葉物の野菜を盛り付ける。ボウルに残ったビネグレットソースをさっとかけ、レモンを添える。

アミューズ・前菜

## アミューズ
### グージェール　ブルスケッタ　生ハムスティック
P.17

[材料]（6人分）
グージェール（P.156参照）…適量
ブルスケッタ
　［バケット（フランスパン）…適量、トマト…2個、バルサミコ酢…大さじ1、オリーブ油…大さじ4、バジル…3〜4枚、塩…適量、にんにく…1/2かけ］
生ハムスティック
　［グリッシーニ…6本、生ハム…6枚］
胡椒…適量
セルフィーユ…少量

[作り方]
1　ブルスケッタを作る。トマトをさいの目に切り、バルサミコ酢、オリーブ油、バジルのみじん切りを加えて混ぜ、塩で味をととのえる。薄切りして軽く焼いたバケットににんにくをこすりつけて香りをつけ、味つけをしたトマトを盛る。
2　生ハムスティックを作る。グリッシーニを半分に折り、適当な大きさに切り分けた生ハムを巻きつける。
3　皿にグージェール、ブルスケッタ、生ハムスティックを盛る。生ハムスティックに胡椒をふり、セルフィーユを飾る。

## 根セロリと生ハムのサラダ
P.17

[材料]（4人分）
根セロリ 1/2個
レムラードソース
生ハム…8枚
　［マヨネーズソース（P.143）…大さじ4、生クリーム…大さじ2］
レモン汁…適量
塩・胡椒…各適量
オリーブの実（緑・黒）…適量
コルニッション（ピクルス）…適量
イタリアンパセリ…適量
胡椒…適量
オリーブ油（仕上げ用）…適量

[作り方]
1　根セロリは皮をそぐようにむき、せん切りにする。スライサーを使うと便利。
2　マヨネーズソースと生クリームを混ぜてレムラードソースを作る。
3　1にレモン汁、塩・胡椒、レムラードソースを加えて和える。
4　皿に3をしき、生ハム、オリーブの実、コルニッションを盛り、イタリアンパセリを飾る。
5　仕上げに胡椒をふり、オリーブ油をさっとかける。

## 新玉ねぎのエッセンス
P.18

[材料]（作りやすい量）
新玉ねぎ…3個
じゃがいも…新玉ねぎの1割の量
塩…ひとつまみ
牛乳…少量
生クリーム…少量
シブレット…適量
オリーブ油（仕上げ用）…適量

[作り方]
1　新玉ねぎの皮をむいて半分に切る。じゃがいもの皮をむいて適度な大きさに切る。鍋にそのまま入れ、ひとつまみの塩を加える。
2　鍋底が湿るくらいの水を入れ、ふたをし、弱火で焦げないようにしながら1時間加熱する。
3　2をミキサーにかけピュレ状にし、シノワで濾す。
4　少量の牛乳と生クリーム、塩を加えて味と濃度をととのえる。
5　器に盛り、みじん切りにしたシブレットをのせ、オリーブ油をかける。

## 冷たいそら豆のスープ　P.19

[材料]（4人分）
そら豆のピュレ
　[そら豆…約50粒、塩…適量、
　牛乳…約300cc]
ポワロー…1/2本
玉ねぎ…1/2個
ベーコン…1枚
バター…大さじ2
じゃがいも…1個
フォン・ブラン（P.138参照）…300cc
コンソメジュレ（P.141のコンソメを参照）
…100cc（大さじ4）
生クリーム…50cc
牛乳…適量
塩…適量

[作り方]
1 コンソメジュレを用意する。コンソメスープを沸かし、水でふやかしておいたゼラチンを加えて溶かし、冷蔵庫で冷やしておく。コンソメ100ccに対し、ゼラチン2gほどを使う。
2 そら豆はさやからはずし、熱湯に塩を加えてほどよくやわらかく茹でる。氷水に取り、冷まして皮をむく。
3 ポワロー、玉ねぎ、ベーコンはそれぞれ細かく刻み、バターを溶かした鍋でしんなりするまで弱火で炒め、スュエする。じゃがいもを乱切りにして炒め合わせ、フォン・ブランを加えて煮込む。
4 やわらかくなったら火からおろし、粗熱を取る。煮汁ごとミキサーにかけて撹拌し、冷蔵庫で冷やす。
5 2のそら豆をミキサーに入れ、牛乳を加えて回し、ピュレ状にする。ただし、12粒ほどは盛り付け用として残しておく。
6 5に冷やした4、コンソメジュレ大さじ3を加え、さらにミキサーで撹拌する。生クリームと牛乳を少しずつ加えてなめらかさを調節し、塩で味をととのえる。
7 スープ皿に盛り、取り分けておいたそら豆を飾る。生クリームを落とし、コンソメジュレを中央に添える。

## 冷たいかぼちゃのスープ　P.19

[材料]（4～6人分）
かぼちゃ…1/2個
ポワロー…1/2本
玉ねぎ…1/2個
バター…大さじ2
グラニュー糖…ひとつまみ
塩…適量
フォン・ブラン（P.138参照）…適量
ブーケガルニ…1本
牛乳…250～300cc
生クリーム…50cc

[作り方]
1 かぼちゃは皮をむき、5mmくらいの厚さにスライスする。ポワローは小口切り、玉ねぎはスライスする。
2 鍋を火にかけバター大さじ1を溶かし、ポワローと玉ねぎを色がつかないように、しんなりするまで弱火でじっくりとスュエする。
3 別の鍋にバター大さじ1を溶かし、かぼちゃを照りが出るまで弱火でじっくりと炒める。このときグラニュー糖をひとつまみ加える。
4 2の鍋に3のかぼちゃを合わせ、軽く塩をふる。ひたひたになるくらいまでフォン・ブランを加え、ブーケガルニを入れる。ふたをして、時折かきまぜながら30～40分ぐらい弱火で煮る。牛乳を150cc加えて再び沸騰させ、塩で味をととのえる。
5 4をミキサーにかけてシノワで漉し、冷蔵庫で冷やす。
6 冷やした5に冷たい牛乳を約100cc加え、なめらかにする。提供する直前に六分立てにした生クリームを50cc加える。さらに口当たりを軽くするためハンドミキサーで泡立て、空気を含ませる。
7 スープ皿に盛り付ける。

## にんじんのポタージュ　P.19

[材料]（4人分）
ポワロー…1/4本
玉ねぎ…1/4個
ベーコン…1/2枚
バター大さじ…2
じゃがいも…1/2個
人参…1本
フォン・ブラン（P.138参照）…500cc
牛乳…50cc
塩…適量
生クリーム…100cc

[作り方]
1 ポワロー、玉ねぎ、ベーコンはそれぞれ細かく刻む。これをバター大さじ1を溶かした鍋で、しんなりとするまで弱火で炒め、スュエする。乱切りしたじゃがいもも加えて炒める。
2 人参をスライスし、バター大さじ1を溶かした別の鍋で照りが出てくるまで炒め、1の鍋に加える。
3 フォン・ブランを加えて煮込む。野菜が充分にやわらかくなったら、牛乳を加え沸騰させ、塩で味をととのえる。
4 3をミキサーにかけ、シノワで漉してなめらかな状態にする。
5 生クリームを八分立てにし、温めた4に加える。ハンドミキサーで泡立てて提供する。

アミューズ・前菜

## マスのタルタル トマトのクーリ
P.20

[材料]（4人分）
マス（サーモントラウト）のマリネ（P.156参照）…120g
レモン汁…適量
オリーブ油…適量
クーリ・ド・トマト（P.143参照）…適量
サマートリュフ…適量
香味野菜のアッシェ
　［ピーマン（赤・黄）、クールジェット、オリーブの実（緑・黒）…各適量］
野菜
　［グリンピース、スナップえんどう、そら豆、プチトマト…各適量］
塩…適量
あしらい
　［赤水菜、セルバチコ、マイクロロメイン、水菜、ミニ赤ロメイン、ミニマイクロアマランサス、リゲッタ、アネット…各適量］
オリーブ油（仕上げ用）…適量

[作り方]
1 マリネしたマスを5mm角に切り、レモン汁とオリーブ油をからめ、セルクル型に詰める。
2 2種のピーマン、クールジェット、オリーブの実をそれぞれアッシェする。
3 野菜を準備する。グリンピースはさやをむき、塩茹でする。スナップえんどうは塩を加えた湯でさっと茹でる。そら豆はさやをはずし、皮つきのまま塩を加えた湯でほどよくやわらかく茹でる。どれも、茹でたら氷水に落として水気をふき取る。
4 器に1のマスのマリネを抜き、アッシェした野菜類やプチトマト、茹でた野菜を盛る。あしらいのマイクロリーフとハーブ、サマートリュフを添える。
5 周囲にクーリ・ド・トマトをしき、仕上げにオリーブ油をかける。

## サーモンマリネ
P.21

[材料]（8人分）
サーモンマリネ（P.156参照）…500g
キャビアクリーム
　［生クリーム…適量、レモン汁…適量、胡椒…適量、キャビア…少量］
バジルソース（P.142参照）…適量
レモン…適量
付け合わせの野菜
　［チコリ、アンディーブ、サラダ菜、ルッコラ、マーシュ、クレソン、トレビス等…各適量］
オリーブの実（緑・黒）…適量
セルフィーユ…適量

[作り方]
1 キャビアクリームを作る。生クリームにレモン汁、胡椒を加えて六分立てにしキャビアを混ぜる。市販のサワークリームにキャビアを混ぜてもよい。
2 サーモンマリネを薄くスライスし、スライスしたレモン、食べやすくちぎった付け合せの野菜、オリーブの実、セルフィーユをあしらい、バジルソースをかける。ビネグレットソースも合う。

## いろいろな貝類のエッセンス
P.22

[材料]（4人分）
貝類（殻付き）
　［蛤…4個、赤貝、トリ貝、帆立貝…各適量］
オリーブ油…適量
エシャロット…適量
白ワイン…適量
フォン・ブラン（P.138参照）…適量
シブレット…適量
オリーブ油（仕上げ用）…少々

[作り方]
1 鍋にオリーブ油を熱し、エシャロットのみじん切りを炒める。殻つきの蛤を入れ、白ワインとフォン・ブランも加えてふたをして加熱する。
2 蛤の口が開いたら殻から身を外し、身は鍋に戻す。赤貝、トリ貝、帆立貝を殻からはずして加え、温める程度に加熱する。
3 すぐに器に盛り、シブレットのみじん切りをのせ、オリーブ油を数滴落とす。

## マンゴーとオマールのアンサンブル
P.23

[材料]（4人分）
オマール海老…4尾
クールブイヨン（ブイヨン・ド・レギューム P.139参照）…適量
マンゴー…少量
ビネグレットソース（P.142参照）…適量
サマートリュフ…適量
あしらい
　[マイクロアマランサス、マイクロレッドピリカラ、ミニデトロイト、ミント、ベルフラワー（エディブルフラワー）…各適量]
オリーブ油（仕上げ用）…適量
※クールブイヨンを使わず、野菜の茹で汁に白ワインビネガーを加えたもので茹でてもよい。

[作り方]
1 オマール海老をクールブイヨンで3分半ほど茹でる。頭を取り、尾、腕、ハサミに分け、ひと口大に切る。
2 マンゴーは皮をむいてひと口大に切る。
3 提供直前にビネグレットソースで1と2を和えて器に盛る。スライスしたサマートリュフをのせ、あしらいを飾る。
4 オリーブ油をかける。

## オマール海老と魚介類のトマトファルシー
P.24

[材料]（4人分）
オマール海老…1尾
帆立貝柱（生食用）…4個
フルーツトマト…4個
クールブイヨン（ブイヨン・ド・レギューム P.139参照）…適量
ビネグレットソース（P.142参照）…適量
クーリ・ド・トマト（P.143参照）…適量
あしらい
　[セルフィーユ、アネット…各適量]
※クールブイヨンを使わず、野菜の茹で汁に白ワインビネガーを加えたもので茹でてもよい。

[作り方]
1 オマール海老をクールブイヨンで3分半ほど茹でる。頭を取り、尾、腕、ハサミに分け、ひと口大に切る。
2 1のオマール海老と帆立貝柱をそれぞれ1cm角ほどに切り、ビネグレットソースで和える。
3 フルーツトマトを半分に切り、種を取ってビネグレットソースで和える。
4 皿にフルーツトマトの下半分を置き、2のオマール海老と帆立貝柱を盛る。トマトの上半分をかぶせ、周囲にクーリ・ド・トマトを流し、セルフィーユとアネットを飾る。

## 帆立のムース
P.25

[材料]（6人分）
ムースの生地
　[帆立貝柱…300g、全卵…1個、生クリーム…300cc、塩…適量、カイエンヌペッパー…少量]
バター…適量
ソース
　[ビネグレットソース（P.142参照）…適量、トマト（さいの目切り）…小さじ1、エシャロット（みじん切り）…小さじ1、コリアンダー…少量、バジル…適量]
あしらい
　[アネット、セルフィーユ…各適量]

[作り方]
1 ムースの生地を作る。帆立貝柱は洗い、水分をふき取ってフードプロセッサーにかける。卵も加えてさらに攪拌する。生クリーム、塩、カイエンヌペッパーを加えて混ぜる程度にフードプロセッサーを回し、味をととのえる。
2 1の生地を、バターをまんべんなく塗ったココット型に流し込む。これを湯煎し、150℃のオーブンで15～20分ほど加熱する。バターの塗り方にムラがあると、あとで生地がはずれにくくなるので注意。
3 ビネグレットソースに、トマト、エシャロット、コリアンダー、バジルを加えてソースを作る。
4 皿にムースを盛り、3のソースをかけてフレッシュハーブをあしらう。

アミューズ・前菜

## マグロのカルパッチョ
P.26

[材料]（4〜6人分）
マグロ…1サク
塩…適量
ビネグレットソース
　[バルサミコ酢…大さじ4、白醤油（醤油でも可）…小さじ1/2、レモン汁…小さじ1、塩・胡椒…適量、オリーブ油（にんにくチップの揚げ油でもよい）…60cc]
フレンチマスタード…適量
付け合わせの野菜
　[サラダ菜、アンディーブ、チコリ、ロケット、クレソン等…各適量]
にんにくチップ…1かけ分
パルミジャーノ…少量
あしらい
　[シブレット、セルフィーユ…各適量]
※にんにくチップは、にんにくをスライスし、低温のオリーブ油でじっくりと揚げる。

[作り方]
1　マグロは食べやすく切り、皿にきれいに並べ、軽く塩をふっておく。
2　ビネグレットソースを作る。ボウルにオリーブ油以外の材料を入れてよく混ぜ、オリーブ油を少しずつ加えながらよく混ぜる。
3　2のビネグレットソースを1のマグロにぬる。
4　フレンチマスタードを絞り袋に入れ、マグロの周りを囲むように絞り出す。
5　付け合わせの野菜を食べやすくちぎり、ビネグレットソースで和え、マグロの上に盛る。
6　にんにくチップ、スライスしたパルミジャーノを散らし、フレッシュハーブをあしらう。

## ヒラメのカルパッチョ
P.27

[材料]（4人分）
ヒラメ…1サク
塩…適量
長ねぎ…1本
ビネグレットソース
　[シェリービネガー…25cc、オリーブ油…75cc、塩・胡椒…各適量]
レモン汁…適量
オリーブ油…大さじ4
エシャロット…適量
シブレット…適量
付け合わせの野菜
　[マーシュ、トレビス、紅サンゴ、サラダ菜等…各適量]
キャビア…適量
パルミジャーノ…適量
あしらい
　[アネット、セルフィーユ…各適量]
バジルソース（P.142参照）…大さじ4

[作り方]
1　ヒラメは五枚におろし、塩をふってしばらくおく。出てくる余分な水分をふき取り、薄くそぎ切りにする。
2　長ねぎは5cmに切り、くたくたになるまで茹でてザルに取り、水気を切る。これを少量のビネグレットソースで和える。
3　2の長ねぎを皿にしき、そぎ切りしたヒラメを並べる。ここにレモン汁、オリーブ油をさっとかけ、エシャロットとシブレットのみじん切りを散らす。
4　付け合わせの野菜を食べやすくちぎってビネグレットソースで和え、3に盛る。キャビア、スライスしたパルミジャーノ、フレッシュハーブを散らす。
5　バジルソースをかけて仕上げる。

## 魚介のマリネ
P.28

[材料]（4人分）
海老…12尾
クールブイヨン（ブイヨン・ド・レギューム P.139参照）…適量
ビネグレットソース
　[白ワインビネガー…50cc、白醤油（醤油でも可）…少量、いりごま…適量、オリーブ油…150cc]
マリネ用の材料
　[茹でダコ…足1本、玉ねぎ…1/4個、ピーマン（赤・黄）…各1/2個、きゅうり…1本、オリーブの実（緑・黒）…適量]
レモン…1/2個分
セルフィーユ…適量
※クールブイヨンを使わず、野菜の茹で汁に白ワインビネガーを加えたもので茹でてもよい。

[作り方]
1　海老は殻つきのまま、クールブイヨンで茹でて火を通し、氷水に落として殻をむく。
2　ビネグレットソースを作る。ボウルにオリーブ油以外の材料を入れてよく混ぜ、オリーブ油を少しずつ加えながら混ぜる。
3　マリネ用の材料を切る。茹でダコは乱切りにする。玉ねぎはスライスし、2種のピーマンはひと口大に切る。きゅうりは乱切りにする。
4　1の海老と3のタコと野菜、オリーブの実とスライスしたレモンをボウルに入れ、2のビネグレットソースで和える。
5　皿に盛り、セルフィーユを飾る。

## サーモンマリネの
## サラダ仕立て
P.29

[材料]（4人分）
サーモンマリネ（P.156参照）…200g
クーリ・ド・トマト（P.143参照）…適量
付け合わせの野菜
　［いんげん、絹さや、グリーンアスパラガス、ブロッコリー、トマト…各適量］
塩…適量
ビネグレットソース
　［白ワインビネガー…大さじ1、シェリービネガー…大さじ1、塩・胡椒…適量、オリーブ油…大さじ6］
香味野菜のアッシェ
　［ズッキーニ、ピーマン（赤・黄）、人参、エシャロット、オリーブの実（緑・黒）…各適量］
あしらい
　［セルフィーユ、アネット…各適量］

[作り方]
1 付け合わせの野菜の準備をする。野菜の下ごしらえは、P.175の「イサキのポワレ　サラダ仕立て　バジルソース」を参照。トマトはくし形に切る。
2 ビネグレットソースを作る。ボウルにオリーブ油以外の材料を入れて混ぜ、そこにオリーブ油を少しずつ加えながらよく混ぜる。
3 1の野菜に軽く塩をふってからビネグレットソースで和える。
4 ズッキーニ、2種のピーマン、人参、エシャロット、オリーブ等を細かく刻んで香味野菜のアッシェを作り、2のビネグレットソースで和える。
5 サーモンマリネを薄くスライスする。
6 皿に1の野菜をしき、5のサーモンを並べる。サーモンの上に4のアッシェをかけ、クーリ・ド・トマトを周囲に流す。フレッシュハーブをあしらう。

## マグロとアボカドの
## タルタル
P.30

[材料]（4人分）
マグロ…120g
アボカド…1個
ビネグレットソース
　［バルサミコ酢…大さじ2、レモン汁…大さじ3、白醤油（醤油でもよい）…大さじ1、塩…適量、オリーブ油…大さじ2］
にんにく入りのマヨネーズ
　［にんにく…2かけ、牛乳…適量、マヨネーズソース（P.143参照）…150g、生クリーム…適量］
シズレ用の野菜
　［長ねぎ、きゅうり、人参、ピーマン（赤・黄）、オリーブの実（緑・黒）…各適量］
あしらい
　［アネット、ミント…各適量］
クーリ・ド・トマト（P.143参照）…適量

[作り方]
1 ビネグレットソースを作る。オリーブ油以外の材料をボウルで合わせてから、オリーブ油を少しずつ混ぜる。
2 マグロとアボカドは1cm角に切り、1のビネグレットソースで和える。
3 にんにく入りのマヨネーズを作る。にんにくを牛乳でやわらかくなるまで煮て、裏漉しする。手順は、P.171のアンチョビクリームソースを参照。これをマヨネーズに加えよく混ぜる。マヨネーズがかたいときは生クリームでのばす。
4 シズレ用の野菜はどれも1mmくらいに細かく切る。
5 皿の中央にセルクル型を置き、2を入れ、表面を平らにならす。ここに、3のマヨネーズを絞り、4の野菜を散らす。
6 型をはずし、フレッシュハーブを飾り、クーリ・ド・トマトを周囲にかける。

## 白身魚のフラン
P.31

[材料]（4人分）
フランの生地
　［全卵…2個、フュメ・ド・ポワソン（P.139参照）…400cc、塩・胡椒…適量］
フランの具
　［メバル…200g、帆立貝柱…2個、そら豆…8粒、椎茸…2枚］
生ウニ…適量
シブレット…少量
オリーブ油（仕上げ用）…少量
フュメ・ド・ポワソン（仕上げ用）…100cc

[作り方]
1 フランの生地を作る。ボウルに卵を割ってよく混ぜ、冷ましたフュメ・ド・ポワソンを加えながらさらによく混ぜ、塩・胡椒で味をととのえ、シノワ等の目の細かいザルで漉す。
2 食べやすい大きさに切り分けたメバル、帆立貝柱、椎茸、下茹でしたそら豆をココットに入れ、1の生地を注ぐ。
3 2にアルミホイルでふたをして、蒸し器で蒸し上げる。中火で15〜20分が目安。
4 蒸し上がったフランにウニをのせ、シブレットを散らす。オリーブ油を少量たらし、仕上げ用のフュメ・ド・ポワソンを温めて少量注ぐ。
※卵には大小があるので、卵とフュメ・ド・ポワソンの割合が1:3になるように分量を調節する。また、フュメ・ド・ポワソンの総量の半分を生クリームにしても、おいしく仕上がる。

アミューズ・前菜

## 白身魚のスープ仕立て
P.32

[材料]（4人分）
タイ…2サク
塩・胡椒…適量
椎茸…4枚
フュメ・ド・ポワソン（P.139参照）…500cc
スープ用の野菜
　[人参…1/4本、ピーマン（赤・黄）…各1/4個、ズッキーニ…1/4本、長ねぎ…1/4本]
塩…少量
オリーブ油…適量
シブレット…適量
オリーブ油（仕上げ用）…適量

[作り方]
1 椎茸は4等分に切り、フュメ・ド・ポワソンで煮る。
2 スープ用の野菜はせん切りにし、少量の塩とオリーブ油を加えた湯でさっと茹で、ザルにあげて水気を切る。
3 タイを薄くそぎ切りにし、軽く塩・胡椒をふる。
4 1のフュメ・ド・ポワソンを少し煮詰め、塩で味をととのえる。
5 深めの皿の中央に1の椎茸と、2の野菜を盛り、周囲に3のタイを並べる。シブットのみじん切りを散らし、仕上げにオリーブ油をかける。
6 提供する直前に4のスープを熱々に温め、ティーポットなどに移しかえる。お客の目の前で皿にスープを注ぐ。

## クラムチャウダー風スープ
P.33

[材料]（6人分）
アサリ（殻付き）…800g
白ワイン…200cc
エシャロット（みじん切り）…小さじ1
フォン・ブラン（P.138参照）…300cc
煮込み用の材料
　[ベーコン…2枚、人参…1/2本、玉ねぎ…1/2個、じゃがいも…小1個、セロリ…1/4本]
バター…大さじ1
生クリーム…150cc
塩・胡椒…適量
クラッカー…少量
パセリ…少量

[作り方]
1 鍋に白ワイン、エシャロットを入れ火にかけ、アルコール分をとばし軽く煮つめる。ここにアサリ、フォン・ブランを加えて強火にかける。アサリの殻が開いたらすぐにスープを漉し、アサリの身を殻からはずす。
2 煮込み用の材料をそれぞれ8mm角に切り、大さじ1のバターで軽く炒める。ここに1のスープを漉しながら加え、野菜がやわらかくなるまで煮る。
3 2に生クリームを加え、1のアサリのむき身を加えて軽く温め、塩・胡椒で味をととのえる。
4 器にスープを注ぎ、クラッカー、パセリを散らす。

## 白身魚のポワレ 旬のキャベツのソース
P.34

[材料]（4人分）
ハタ（切り身）…80g×4枚
塩・胡椒…適量
オリーブ油…適量
キャベツのソース
　[キャベツ…1/2個、オリーブ油…適量、にんにく…1かけ、ベーコン…4枚、塩・胡椒…適量、タイム（ドライ）…適量、フォン・ブラン（P.138参照）…200cc]
タイム…適量

[作り方]
1 キャベツを1枚ずつはがし、芯を取り除き、やや大きめに切り分ける。
2 ハタは三枚におろし、切り身にする。これに塩・胡椒をふり、オリーブ油を熱したフライパンでポワレする。中火で、皮目から焼く。
3 別のフライパンにオリーブ油、ホールのままのにんにくを入れ、ベーコン、キャベツの順に加えて炒め、塩・胡椒をふる。キャベツが少ししんなりしてきたらタイムをふり、フォン・ブランを加え、軽く炒め煮にする。
4 3のキャベツとベーコンを皿に盛る。フライパンに残ったスープを軽く煮詰め、塩・胡椒で味をととのえ、オリーブ油を加えてソースを仕上げる。
5 4のキャベツの上に、2のハタを盛り、4のソースをかける。フレッシュのタイムを添える。

野菜たっぷりの魅力料理

## レギューム 春 2016
P.36

[材料]（作りやすい分量）
アンチョビクリームソース
（作りやすい分量）
　[にんにく…適量、牛乳…適量、オリーブ油…適量、アンチョビ…小さじ1、生クリーム…40cc、オリーブ油…30cc]
野菜（加熱するもの）
　[カリフラワー、グリーンアスパラガス、グリンピース、スナップえんどう、そら豆、菜花、プチベール、ブロッコリー、ホワイトアスパラガス、芽キャベツ、ヤングコーン…各適量]
塩…適量
野菜（生のもの）
　[トマト（赤・黄・緑・ショコラ）、ピーマン（赤・黄）、紅芯大根、かぶ、人参（赤・黄・白）、アンディーブ、アンディーブルージュ…各適量]
トリュフ、サマートリュフ…各適量
あしらい
　[マイクロアマランサス、マイクロレッドピリカラ、マジェンタ、ミニ赤じそ、オゼイユ、ベルローズ（エディブルフラワー）…各適量]
ポム・ピューレ（P.158参照）…適量
グロセル（岩塩）…適量
オリーブ油…適量

[作り方]

### アンチョビクリームソースを仕込む

1 にんにくは縦半分に切って芽を取り除き、鍋に入れて水から茹でる。沸騰したら引き上げる。これを5回繰り返してアクを抜く。
2 1のにんにくの水気を切って鍋に入れ、ひたひたになるまで牛乳を注ぎ、やわらかくなるまで牛乳を足しながら煮る。これをミキサーにかけて漉し、ピュレ状にする。
3 オリーブ油を熱した鍋にアッシェしたアンチョビを入れて中火で炒め、香りを出す。1のにんにくのピュレを大さじ1加えてよく混ぜ、沸いたら生クリームを加える。再び沸いたらオリーブ油を加え、加熱しながら混ぜて乳化させる。これでソースが完成する。

### 加熱する野菜を準備する

1 カリフラワーとブロッコリーは、小房に分けて塩を加えた湯で茹でる。
2 グリーンアスパラガスは必要に応じて皮をむき、塩を加えた湯でアクが少し残る程度に茹でる。ホワイトアスパラガスは皮をむき、塩を加えた湯で茹でる。茹で時間はグリーンアスパラガスより長くする。
3 グリンピースは塩を加えた湯でほどよくやわらかく茹でる。スナップえんどうは塩を加えた湯で、さっと茹でる。そら豆はさやをはずし、皮がついたまま、塩を加えた湯でほどよくやわらかく茹でる。
4 菜花は塩を加えた湯でかために茹でる。
5 プチベールは塩を加えた湯で、さっと湯通し程度に茹でる。芽キャベツは外側の葉を3〜4枚はずし、さっと塩茹でする。
6 ヤングコーンは塩を加えた湯で、ほどよくやわらかく茹でる。
どれも、茹でたあとに氷水に落として冷やして水気を切り、必要に応じて切る。

### 生野菜を準備する

それぞれ、形を揃えて切ったりちぎったりする。長いものはシャープな斜め切りにする。

### 盛り付ける

1 じゃがいものピュレを、野菜を盛る土台として置き、野菜類の高低を意識して盛り付ける。
2 マイクロリーフやトリュフ、エディブルフラワーを、色合いを考慮しながら飾る。
3 グロセルを添え、オリーブ油をところどころかけ、温かいアンチョビクリームソースを添える。

## ズッキーニ
→ P.38

[材料]（4人分）
ズッキーニ…4本
レンズ豆…100g
塩…適量
オリーブ油…適量
ナス…2本
トマト…2個
にんにく…1かけ
塩・胡椒…適量
ビネグレットソース（P.142参照）…適量
付け合わせ（加熱野菜）
　[グリーンアスパラガス…2本、ミニキャロット…2本、ミニ大根…2本、そら豆…4粒]
付け合わせ（生野菜）
　[アンディーブ、トレビス、クレソン、マーシュ、チコリフリーゼ、ピンクロッサ…各適量]
バルサミコ酢のソース
　[バルサミコ…酢大さじ3、オリーブ油…大さじ6]

[作り方]
1 レンズ豆は半日ほど水に浸し、2〜3回茹でこぼす。やわらかくなったら、ザルに取り水気を切っておく。
2 ズッキーニは縦半分に切り分け、芯の部分をくり抜く。軽く塩をふり、オリーブ油をかけ、180℃のオーブンで5分ほど火を通す。オーブンから出し粗熱が取れたら、冷蔵庫で冷やしておく。
3 2でくり抜いたズッキーニと、皮をむいたナスを1cm角のさいの目に切り、180℃のサラダ油で素揚げする。
4 トマトを湯むきし、さいの目に切る。鍋にオリーブ油を熱し、にんにくを入れて火にかける。香りが出たらトマトを入れ半量ぐらいになるまで煮詰める。
5 4に1のレンズ豆と素揚げしたズッキーニとナスを加え、かき混ぜながら弱火で煮詰める。水気がなくなってきたら火を止め、粗熱が取れたら冷蔵庫で冷やす。
6 加熱する野菜の準備をする。グリーンアスパラガス、ミニキャロット、ミニ大根はそれぞれ塩を加えた湯で茹で、食べやすい大きさに切り分ける。そら豆も塩を加えた湯で下茹でして皮をむく。
7 生野菜は食べやすくちぎり、ビネグレットソースで和える。
8 バルサミコ酢のソースは、材料をよく混ぜる。
9 皿に、よく冷やした2のズッキーニを置き、5をのせる。6と7の野菜を付け合わせとして盛り、ズッキーニのまわりにバルサミコ酢のソースをかける。

## きのこのフリカッセ
→ P.39

[材料]（4〜6人分）
きのこ（椎茸、しめじ、シャンピニオン、ジロール茸、トランペット茸等）…合わせて300g
オリーブ油…適量
エシャロット（みじん切り）…小さじ1
塩・胡椒…適量
ブランデー…適量
マデラ酒…適量
生クリーム…200cc
バター…大さじ1
パセリ…適量
セルフィーユ…適量

[作り方]
1 きのこは掃除してひとロで食べられる大きさに切り分け、ボウルで混ぜる。フライパンにオリーブ油を熱し、中火できのこを炒め、全体に油が回ったらシャロットのみじん切りを加え、塩・胡椒をふる。
2 ブランデー、マデラ酒をふり入れて強火でアルコール分をとばす。生クリームを加えて軽く煮詰め、火からおろしてバターを溶かして混ぜ込む。パセリのみじん切りも加える。
3 皿に2を盛り、セルフィーユを散らす。

## 焼き野菜のマリネ
P.40

[材料]（4人分）
マリネ用の材料
　[ズッキーニ…1本、フルーツトマト…2個、ナス…2本、ピーマン（赤・黄）…各1個、塩…適量、タイム…適量、ローリエ（ドライ）…適量、オリーブ油…適量]
ビネグレットソース
　[バルサミコ酢…20cc、白ワインビネガー…50cc、塩・胡椒…適量、コリアンダー…小さじ1、オリーブ油…200cc]

[作り方]
1　ズッキーニを縦に幅1cm、トマトは横1cmにスライスする。ナスは縦半分、ピーマンはくし形に切り、天板にのせる。これに軽く塩をふり、タイム、ローリエを散らしてオリーブ油を回しかけ、200℃のオーブンで10分ほどローストする。
2　ビネグレットソースを用意する。オリーブ油以外の材料をボウルに入れてよく混ぜ、後からオリーブ油を少しずつ加えて混ぜる。
3　1を深めの器に移し、ビネグレットソースを加え、そのまま冷蔵庫で半日から1日ほど味をなじませる。
4　皿に盛り付け、マリネに漬け込んだタイム、ローリエを添える。

## ポワロー ビネグレットソース
P.41

[材料]（2人分）
ポワロー1本
ビネグレットソース（P.142参照）…適量
トリュフ…少量
セルフィーユ…少量

[作り方]
1　ポワローを沸騰したお湯でやわらかくなるまで茹で、冷水に取って冷まし、水気をよくふき取る。
2　1のねぎを3～4cmの長さに切り分け、ビネグレットソースで和える。
3　皿にねぎを立てながら盛り付け、残りのビネグレットソースをかける。トリュフのスライスを添え、セルフィーユを飾る。

## ニース風サラダ
P.42

[材料]（4人分）
サラダ用の材料
　[じゃがいも…2個、いんげん…8本、茹で卵…2個、トマト…小2個、ピーマン（赤・黄）…各1/2個、緑ピーマン…1個]
サラダ用の葉物野菜
　[アンディーブ、トレビス、クレソン、マーシュ、チコリフリーゼ、ピンクロッサ…各適量]
ビネグレットソース
　[白ワインビネガー…大さじ1、シェリービネガー…大さじ1、塩・胡椒…適量、オリーブ油…大さじ6]
オリーブの実（緑・黒）…各8個
アンチョビ（フィレ）…4本
ツナ（P.158参照）…100g
あしらい
　[セルフィーユ、アネット…各適量]

[作り方]
1　じゃがいもは茹でて皮をむき、4等分に切る。いんげんはすじを取り、かために茹でる。茹で卵、トマトは縦に4つに、ピーマンはくし形に切る。
2　ビネグレットソースを作る。ボウルにオリーブ油以外の材料を入れて混ぜ、そこにオリーブ油を少しずつ加えながらよく混ぜる。
3　1の材料に軽く塩をふり、2のビネグレットソースでふんわりと和える。サラダ用の葉物野菜も同様に、食べやすい大きさにし、ビネグレットソースとからめる。
4　皿に3の野菜、オリーブの実、アンチョビ、ツナを盛り付け、セルフィーユ、アネットを飾る。

野菜たっぷりの魅力料理

## ラタトゥイユ
P.43

[材料]（6〜8人分）
煮込み用の野菜
　［トマト…中4個、ホールトマト…200g、玉ねぎ…1個、ピーマン（赤・黄）…各1個、ズッキーニ…2本、ナス…3本］
オリーブ油…適量
にんにく…3かけ
タイム…5本
ローズマリー…1枝
ローリエ（ドライ）…2枚
塩・胡椒…適量

[作り方]
1　トマトは湯むきにし、種と果肉とに分けておく。種の部分は漉して種を取り除き、果肉はざく切りにする。
2　鍋にオリーブ油、にんにく1かけを入れ、ざく切りにしたトマトの果肉を加えて炒める。種を取り除いた果汁とホールトマトも加え、木べらでトマトをくずしながら1/3くらいの量になるまで煮詰める。
3　玉ねぎ、ピーマン、ズッキーニ、ナスはどれも2cm角に切る。それぞれの野菜ごとに炒め、2の鍋に加えていく。炒めるときは、どの野菜もオリーブ油を引き、にんにく1/2かけ、タイム1本、小分けにしたローズマリーを加え、塩・胡椒で調味する。
4　炒めた野菜をすべて2の鍋に加えたら、残りのローズマリー、タイム、ローリエを加えて弱火で20〜30分ふたをしながら煮る。
5　塩・胡椒で味をととのえ、火からおろして粗熱を取り、冷蔵庫でひと晩ねかせる。

## きのこのパートフィロ包み
P.44

[材料]（4人分）
塩漬け豚肉
　［豚バラ肉…2〜3kg、粗塩…大さじ3、にんにくのスライス…1〜2かけ分、ローリエ（ドライ）…2〜3枚、タイム…適量、ローズマリー…適量］…60g×4枚
きのこのソテー
　［きのこ…200g、バター…大さじ2、塩・胡椒…適量］
パートフィロ…適量
溶かしバター…適量
バケット…少量
オリーブ油…大さじ4
※塩漬け豚肉は、ベーコンのブロックで代用してもよい。

[作り方]
1　塩漬け豚肉を作る。かたまりの豚バラ肉に塩をまんべんなくすり込み、バットにのせ、にんにくのスライス、ローリエ、タイム、ローズマリーも加えてラップをかけて冷蔵庫でひと晩ねかせる。翌日、やわらかくなるまで水から2時間以上茹でる。これを切り分け、表面を軽く焼き、軽い焼き色をつける。
2　きのこはバターでソテーし、塩・胡椒で味をととのえる。
3　パートフィロは1人分約6cm幅を2枚切り取り、ハケで溶かしバターを塗る。破れないように注意しながらセルクル型に十文字にしく。
4　3の中に1の豚肉、きのこのソテー、バケットの薄切りの順に詰める。あれば、ポム・ピューレも加える。
5　4を包み、パートフィロの重ねた部分を下にして天板にのせる。表面に溶かしバターを塗り、190℃のオーブンできつね色になるまで約15分焼く。
6　皿に盛り、熱したオリーブ油を周囲にしく。

## メバルのポワレ 若筍のソース
P.45

[材料]（4人分）
メバル（切り身）…80g×4枚
塩・胡椒…適量
オリーブ油…適量
バター…適量
筍のソース（P.144参照）…適量
ポム・ピューレ（P.158参照）…適量
ナスの素揚げ
　［ナス…2本］
あしらい
　［セルフィーユ、アネット…各適量］

[作り方]
1　メバルは塩・胡椒をふり、オリーブ油を熱したフライパンで皮目から焼く。
2　ソースを作るときに使った筍を縦に6等分に切り分け、バターを溶かしたフライパンでソテーする。
3　ポワレしたメバルを器に置き、2の筍をのせ、筍のソースをかける。
4　皿にポム・ピューレをしき、メバル、油で素揚げしたナス、筍を盛る。ソースをかけてフレッシュハーブを散らす。

野菜たっぷりの魅力料理

## イサキのポワレ サラダ仕立て バジルソース
━━━ P.46

[材料]（4人分）
イサキ…2尾
塩・胡椒…適量
オリーブ油…適量
バジルソース(P.142)…適量
サラダ用の野菜
　[いんげん、かぶ、カリフラワー、絹さや、グリーンアスパラガス、ブロッコリー、ミニキャロット、ミニ大根、ヤングコーン、トマト、プチトマト…各適量]
塩…適量
あしらい
　[タイム、アネット、セルフィーユ…各適量]

[作り方]
1 イサキは三枚におろして切り身にし、残った骨を骨抜きでていねいに抜く。
2 イサキに塩・胡椒をふり、オリーブ油を熱したフライパンで皮目から両面を焼く。
3 野菜の準備をする。いんげんと絹さやは塩を加えた湯で、さっと茹でる。かぶ、ミニ大根、ミニキャロットは塩を加えた湯で茹で、食べやすい大きさに切り分ける。カリフラワー、ブロッコリーは小房に分けて塩を加えた湯で茹でる。グリーンアスパラガスは塩を加えた湯でアクが少し残る程度に茹でる。ヤングコーンは塩を加えた湯で、ほどよくやわらかく茹でる。どれも茹でたら氷水に落として冷やし、水気を切る。トマトは食べやすく切る。どの野菜も冷蔵庫で冷やしておく。
4 冷やした皿に野菜を盛り、上に焼いたイサキをのせる。バジルソースを周囲にかけ、フレッシュハーブを添える。

## 真鱈の白子のポワレ サラダ仕立て
━━━ P.47

[材料]（4人分）
真鱈の白子…200g
白ワインビネガー…少量
塩・胡椒…適量
小麦粉…適量
オリーブ油…適量
バター…大さじ4
ビネグレットソース
　[シェリービネガー25cc、オリーブ油75cc、塩・胡椒…適量]
サラダ用の野菜
　[アンディーブ、トレビス、クレソン、マーシュ、チコリフリーゼ、ピンクロッサ…各適量]
付け合わせの野菜
　[ピーマン（赤・黄）…各1/2個、ズッキーニ…1/4本]
タイム（ドライ）…少量
シブレット…適量
あしらい
　[セルフィーユ、アネット…各適量]

[作り方]
1 白子はP.47の手順を参照して下ごしらえし、ポワレをする。
2 ビネグレットソースを作る。油以外の材料をボウルに入れてよく混ぜてから油を少しずつ加え、よく混ぜる。これでサラダ用の野菜を和える。
3 付け合わせの野菜はそれぞれ5mm角に切り、オリーブ油で炒め、タイムと塩・胡椒で味をととのえる。
4 皿に2の野菜をしき、ポワレした白子を盛り、3の炒めた野菜をのせる。
5 ソースを作る。1で使ったフライパンをそのまま使い、残ったバターを火にかけ、少し焦がしてシブレットを加える。これを4にかけ、セルフィーユ、アネットを飾る。

## 白身魚のフリット 自家製カレー粉風味 れんこんチップ添え
━━━ P.48

[材料]（4人分）
タイ（切り身）…60g×4枚
塩…適量
自家製カレー粉…適量
小麦粉…適量
フリット用の野菜
　[れんこん…1/2本、ナス…2本、ごぼう…1/4本]
カレーソース(P.144参照)…適量
あしらい
　[ルッコラ、マーシュ等]…適量

[作り方]
1 タイに軽く塩をふり、少量のカレー粉をブレンドした小麦粉をつけ、やや高温の油で揚げる。
2 れんこん、ごぼうはスライサーで薄くスライスする。ナスは縦半分に切って皮目に切り込みを入れ、180℃の油で揚げる。
3 皿に2のナスをしき、タイの魚のフリットを盛る。れんこんとごぼうのチップとルッコラ、マーシュを飾り、カレーソースをかける。

## 帆立のクレピネット包みサラダ仕立て
― P.49

[材料]（4人分）
帆立貝柱（生食用）…大4個
クレピネットで包む野菜
　［ピーマン（赤・黄）…各1/2個、ズッキーニ…1/4本、椎茸…2枚］
オリーブ油…適量
クレピネット（網脂）…適量
塩・胡椒…適量
ビネグレットソース（P.142参照）…適量
バルサミコ酢のソース
　［バルサミコ酢…大さじ1、オリーブ油…大さじ3］
サラダ用の野菜
　［アンディーブ、トレビス、クレソン、マーシュ、チコリフリーゼ、ピンクロッサ］…適量
あしらい
　［セルフィーユ、アネット…各適量］

[作り方]
1　帆立貝柱に塩・胡椒をふる。
2　赤ピーマン、黄ピーマン、ズッキーニ、椎茸をそれぞれ5mm角に切り、オリーブ油で炒め、バットにあけて冷ましておく。
3　クレピネットをよく洗い、水気を切って20cm四方に切り分ける。
4　3のクレピネットに1の帆立貝柱をのせ、2の野菜をのせる。クレピネットの巻き終わりが野菜と反対側に来るようにし、中火で両面をこんがりと焼く。
5　サラダ用の野菜を食べやすくちぎってビネグレットソースで和えて皿に盛り、4を盛り付ける。
6　バルサミコ酢とオリーブ油をよく混ぜてバルサミコ酢のソースを作り、周囲にかける。セルフィーユやアネットを飾る。

## 温かいクロタンのサラダ
― P.50

[材料]（3人分）
フランスパン（バゲット）…3枚
クロタン・シャビニョル（山羊のチーズ）…3個
ビネグレットソース（P.142参照）…適量
サラダ用の野菜
　［アンディーブ、トレビス、クレソン、マーシュ、チコリフリーゼ、ピンクロッサ…各適量］

[作り方]
1　フランスパンを1.5cmの厚さに切り、オーブントースターでカリッと焼き上げる。
2　チーズを丸ごとオーブントースターに入れ、こんがりととろけてくるまで焼く。
3　ビネグレットソースで、食べやすくちぎったサラダ用の野菜を和える。
4　皿に3の野菜をしき、フランスパンの中央に2のチーズを盛る。
※好みで焼いたパンにはちみつをぬってもよい。

# 旨味の肉料理

## バベットのグリル ソース・トリュフ
P.52

[材料]（4人分）
バベット（牛ハラミ肉）…600g
塩・胡椒…適量
ソース・トリュフ（P.145参照）…適量
サマートリュフ…適量
ポム・ピューレ（P.158参照）…適量

[作り方]
1 ハラミ肉は1人分150gくらいに切り分け掃除をする。格子に切り目を入れ、塩・胡椒をふる。グリルで色よく焼く。
2 焼いた肉をポム・ピューレにのせ、サマートリュフをあしらう。ソース・トリュフをかける。

## 牛ばら肉の赤ワイン煮
P.53

[材料]（4人分）
牛バラ肉…600g
塩・胡椒…適量
人参…1本
玉ねぎ…1個
にんにく…1/2株
赤ワイン…750cc
小麦粉…適量
サラダ油…適量
煮込み用の材料
　[トマト…1個、タイム…適量、ローズマリー…適量、パセリの茎…適量、ねぎ（青い部分）…適量]
フォン・ブラン（P.138参照）…300cc
バター…大さじ1強
塩…適量
きのこのソテー
　[しめじ、シャンピニオン、バター、塩・胡椒…各適量]
パセリ…適量

[作り方]
1 P.53を参照して、牛バラ肉と野菜の下ごしらえをする。
2 鍋に、牛バラ肉と野菜を漬け込んだ汁を入れ、一度沸騰させてアクを取る。ここに下ごしらえした牛肉と野菜を入れ、煮込み用の材料を加える。トマトはつぶして入れ、タイム、ローズマリー、パセリの茎、ねぎの青い部分などを香りづけのために加える。弱火で牛バラ肉がやわらかくなるまで3～4時間煮込む。鍋の煮汁が煮詰まったら水を少しずつ足して煮込む。牛肉がやわらかくなったら取り出し、煮汁を漉す。
3 2で漉した煮汁にフォン・ブランを加える。1/4になるまで煮詰めて、大さじ1強のバターでモンテして塩・胡椒で味をととのえる。ここに2の肉を戻して少し煮る。
4 皿に3の牛肉を盛る。きのこのソテーを盛り、パセリを散らす。

## 仔牛のカツレツ フレッシュトマトのソース
P.54

[材料]（2人分）
仔牛肉…160g
塩・胡椒…適量
カツレツの衣
　[小麦粉、卵、パン粉…各適量]
オリーブ油…適量
バター…大さじ4
フレッシュトマトのソース（P.145参照）…適量
ビネグレットソース（P.142参照）…適量
付け合わせの野菜
　[アンディーブ、トレビス、クレソン、マーシュ、チコリフリーゼ、ピンクロッサ…各適量]
レモン…1個

[作り方]
1 仔牛肉を肉叩きで形をととのえながら1cmぐらいの厚さに伸ばす。焼くときに肉が縮ないよう脂の内側のすじに切れ目を入れ、両面に塩・胡椒をふる。
2 1に小麦粉、溶き卵、パン粉の順で衣をつける。
3 フライパンに多めのオリーブ油を熱し、中火で2を焼く。片面に焼き色がついたら裏返し、バターを加えて両面を香ばしく焼き上げる。
4 付け合わせの野菜は食べやすくちぎり、ビネグレットソースで和える。
5 皿に焼いたカツレツを盛り、ビネグレットソースで和えた生野菜を添える。レモンを飾り、フレッシュトマトのソースを添える。

## バベットステーキ 焦がしバターソース
P.55

[材料]（4人分）
バベット（牛ハラミ肉）…600g
サラダ油…適量
焦がしバターソース（P.146参照）…適量
付け合わせの野菜
　[かぶ、カリフラワー、人参、プチトマト、ブロッコリー…各適量]
バター…適量
塩・胡椒…適量
ポム・ロティ（P.158参照）…適量

[作り方]
1 ハラミ肉を1人分150gくらいに切り分け、塩・胡椒をふる。フライパンにサラダ油を熱し、強火で色よく焼く。このフライパンで焦がしバターソースを作る。
2 付け合わせを用意する。加熱用の野菜の下ごしらえは、P.175の「イサキのポワレ　サラダ仕立て　バジルソース」を参照。人参は薄皮だけをペティナイフでこそげ取って切る。どれもバターでソテーし、塩・胡椒で味をととのえる。
3 皿にセルクル型を置き、ポム・ロティをしき、2の野菜を盛る。
4 焼いたハラミ肉を適当な大きさにスライスして野菜の上に盛り付ける。形が崩れないようにセルクルをはずし、焦がしバターソースをかける。

## 仔羊のポワレ 4種のカリフラワー
P.56

[材料]（4人分）
仔羊の骨つき背肉…4本
塩・胡椒…適量
オリーブ油…適量
野菜
　[カリフラワー（白・黄・紫）、ロマネスコ、長芋、カブ（葉つき）、アンディーブ、カステルフランコ、わさび菜…各適量]
ジュ・ダニョー（作りやすい量）
　[仔羊の骨やスジ…3kg、玉ねぎ…2個、人参…1本、にんにく…1株、トマト…2個、セロリ…適量、長ねぎ…適量、ローリエ（ドライ）、サラダ油…適量]
サマートリュフ…各適量
ポム・ピューレ（P.158参照）…適量
グロセル（岩塩）…適量

[作り方]
**ジュ・ダニョー（仔羊の焼き汁）を取る**
1 鉄板に仔羊の骨やスジを並べ、サラダ油をまんべんなくかけてオーブンに入れる。途中で骨を転がし、全体をローストする。
2 人参や玉ねぎは乱切りに、にんにくとトマトは横半分に切る。これらはフライパンで炒める。
3 1の骨を鍋に移す。骨を焼いた鉄板に水をはり、火にかけながら肉の旨味を煮溶かして鍋に移す。
4 鍋に、骨がかぶる程度の少なめの水を加えて加熱する。アクをすくい、炒めた2の野菜を加える。2のフライパンにも水を少々入れてデグラッセし、鍋に加える。
5 残りの野菜とローリエを加えて弱火で1〜2時間煮て途中でアクを取る。これを漉す。

## 仔羊のポワレ
P.58

[材料]（4〜6人分）
仔羊の骨つき背肉…2ブロック
塩・胡椒…適量
オリーブ油…適量
にんにく…1株
タイム…4本
ローズマリー…2本
ソース
　［フォン・ブラン（P.138参照）…180cc、
　オリーブ油…大さじ3、粒マスタード…
　大さじ1］
ポム・ピューレ（P.158参照）…適量

[作り方]
1　仔羊のブロックは骨1本ずつにカットし、両面に塩・胡椒をふる。フライパンにオリーブ油を熱し、仔羊肉を強火から中火で焼く。皮つきのにんにく、タイム、ローズマリーも加えて焼き、香りをつける。
2　両面が焼けたところで肉を取り出す。
3　焼き汁の残ったフライパンでソースを作る。フライパンにフォン・ブランを加え、1/5くらいになるまで煮詰める。ここにオリーブ油大さじ3とマスタードを加え、よく混ぜて乳化させ、ソースを仕上げる。
4　皿にポム・ピューレをしき、仔羊肉を盛り、3のソースをかける。肉と一緒に焼いたにんにくやタイム、ローズマリーを添える。

### 野菜を準備する
カリフラワーとロマネスコは小房に分けて塩を加えた湯で茹で、氷水に落として水気を切る。長芋は皮をむいて輪切りにする。かぶは薄く切る。これらをそれぞれオリーブ油を熱したフライパンでソテーする。

### 仔羊肉を焼き、ソースを作る
1　背肉のブロックを骨1本ずつにカットし、両面に塩・胡椒をふる。フライパンにオリーブ油を熱し、ポワレする。
2　両面が焼けたら肉を取り出す。フライパンの余分な脂を捨て、ジュ・ダニョーを加えて煮詰め、水分を飛ばす。オリーブ油を加えてソースとする。

### 盛り付ける
皿にポム・ピューレをしき、ポワレした仔羊をのせる。焼いたカリフラワーや長芋、かぶを彩りよく配置し、生野菜をちぎったり切ったりしながら盛り付ける。サマートリュフを散らし、ソースをかけ、グロセルを添える。

## 仔羊と夏野菜のパイ包み焼き
P.59

[材料]（4人分）
仔羊の骨つき背肉…4本
塩・胡椒…適量
冷凍パイシート…適量
ラタトゥイユ（P.174参照）…100g
卵黄…適量
付け合わせの野菜
　［じゃがいも…2個、にんにく…1株］
ローズマリー…適量
オリーブ油…適量

[作り方]
1　冷凍パイシートの準備をする。冷凍パイシートは冷蔵庫で半解凍し、3mmほどの薄さに伸ばし、約20cm角のものを8枚作って冷やしておく。
2　仔羊肉は骨1本ごとに切り分け、肉叩きで形をととのえる。両面に塩・胡椒をふって、強火で表面だけを焼き固める。
3　パイシートで2の仔羊肉とラタトゥイユを包む。手順はP.59を参照。
4　3の表面に卵黄を塗り、200℃に予熱したオーブンで10分ほど焼く。
5　じゃがいもは皮をむいて乱切りに、にんにくは皮つきのままほぐし、天板等にのせてオリーブ油をかけ、オーブンでローストする。
6　皿に5のじゃがいもとにんにくをしき、焼いたパイをのせる。熱したオリーブ油大さじ1をかけ、ローズマリーを飾る。

旨味の肉料理

## 骨つき豚のグリエ バニラ風味のキンカンのコンポート添え
P.60

[材料]（4人分）
骨つき豚ロース肉…4本
塩・胡椒…適量
キンカンのコンポート
　［キンカン…適量、シロップ（水とグラニュー糖を1対1の割合で煮溶かしたもの）…適量、バニラ棒…適量］
ソース
　［フォン・ブラン（P.138参照）、オリーブ油…各適量］
あしらい
　［マイクロ赤水菜、ミニ赤じそ、紫水菜、ローズマリー…各適量］
ポム・ピューレ（P.158参照）…適量

[作り方]
1　キンカンのコンポートを作る。キンカンを一度煮こぼしておく。水にグラニュー糖を加えて火にかけて溶かし、バニラスティックを加えてシロップを作り、これでキンカンを15〜20分ほど煮る。
2　豚ロース肉を切り分け、塩・胡椒をふり、グリルパンで焼く。別の鍋に移してオーブンでローストする。
3　ソースを作る。豚肉をローストしたあとの鍋にフォン・ブランを加えて煮出し、オリーブ油を加える。
4　皿にポム・ピューレをしき、グリエした豚肉を盛る。キンカンとバニラ棒を盛り、ソースをかける。マイクロリーフとローズマリーをあしらう。

## フランスの鳩と芽キャベツ ジュのソース
P.61

[材料]（2人分）
鳩…1羽
塩・胡椒…適量
バター…適量
芽キャベツ…適量
オリーブ油…適量
ジュのソース
　［フォン・ブラン（P.138参照）、ソース・トリュフ（P.145参照）…各適量］
ポム・ピューレ（P.158参照）…適量
あしらい
　［オゼイユ、マイクロ春菊、マイクロフリルマスタード、マイクロレッドピリカラ、マイクロレッドフリルマスタード、ミニ赤じそ…各適量］

[作り方]
1　鳩は、鶏と同様にしてさばく。モモ肉、足、手羽は塩・胡椒をふり、皮目をフライパンでよく焼いてリソレする。別の鍋に移し、上にバターをのせてオーブンでローストする。
2　レバー、ハツ、砂肝は、塩・胡椒をしてからフライパンでカリカリに焼く。
3　芽キャベツは外側の葉を3〜4枚はずし、さっと塩茹でして氷水に落とす。水気を切って半分に切り、オリーブ油を熱したフライパンで焼く。
4　鳩のジュのソースを作る。鳩をローストしたあとの鍋にフォン・ブランを加えて火にかけ、焼き汁を煮出す。トリュフソースを加え、乳化させずにセパレートした状態のままでおく。
5　皿にポム・ピューレをしき、ローストした鳩を盛る。芽キャベツとマイクロリーフを飾り、ジュのソースをかける。

## 豚肉と白いんげん豆のトマト煮
P.62

[材料]（6人分）
煮込み用の材料
　［豚バラ肉…800g、白いんげん豆…100g、玉ねぎ…1/2個、人参…1/2本、セロリ…少量、にんにく…2かけ、オリーブ油…適量、トマト…中3個、ホールトマト…150g、塩・胡椒…適量、砂糖…少量、タイム…1枝、ローリエ（ドライ）…1枚］
白ワイン…100cc
フォン・ブラン（P.138参照）…500cc
ポム・ピューレ（P.158参照）…適量
パセリ…適量

[作り方]
1　白いんげん豆はひと晩水に浸しておく。豚バラ肉は適当な大きさに切り分け、塩をして半日ぐらいねかせる。
2　玉ねぎ、人参、セロリは5mm角に、にんにくはみじん切りにする。オリーブ油を熱した鍋で、これらを中火でしんなりするまでよく炒める。
3　2に、湯むきして粗く刻んだトマトと、ザルで漉したホールトマトを加える。塩・胡椒、砂糖、タイム、ローリエを加え、軽く煮詰める。
4　サラダ油を熱したフライパンで1の肉に強めの焼き色をつけて3の鍋に入れる。フライパンに残った余分な油は捨て、白ワインでデグラッセして鍋に加える。さらにフォン・ブランを加え、肉がやわらかくなるまで約1時間半煮込む。
5　水で戻した白いんげん豆を4に加え、やわらかくなるまで約30分煮込む。
6　皿にポム・ピューレをしき、5の肉を盛り付けてソースをかけ、パセリを散らす。

## 骨つき豚背肉のロースト きのこのマデラソース

P.63

[材料]（4人分）
骨つき豚背肉…2本
塩・胡椒…適量
サラダ油…適量
ローズマリー…2本
タイム…2本
にんにく…1株
きのこのマデラソース（P.147参照）…適量
ポム・ロティ（P.158参照）…適量
シブレット…適量

[作り方]
1 豚背肉は切り分け、塩・胡椒をふり、サラダ油を熱したフライパンで、強火で表面に焼き色をつける。ローズマリー、タイム、皮つきのにんにくも加えて焼き、200℃のオーブンに入れてローストする。
2 大皿にポム・ロティ、1の皮つきにんにくをしき、焼いた豚肉を盛る。
3 シブレットのみじん切りをふり、きのこのソースをかける。
※肉の焼き上がりは、押してみて弾力が感じられるくらいが目安。中がほんのりピンクの状態で火からおろし、取り出した肉を少し休ませることで余熱で火が入り、ちょうどよい焼き加減になる。

## 鴨の軽い燻製 クレソンのサラダ添え

P.64

[材料]（4人分）
鴨ロース肉の燻製（P.157参照）…ロース肉2枚分
バルサミコ酢のソース
　[バルサミコ酢…50cc、オリーブ油…50cc]
ビネグレットソース（P.142参照）…適量
クレソン…1パック

[作り方]
1 バルサミコ酢のソースを作る。小鍋にバルサミコ酢を入れて煮詰め、オリーブ油を加えてよく混ぜる。
2 ビネグレットソースでクレソンを和える。
3 スモークした鴨肉をそぎ切りにして皿に盛る。2のクレソンを盛り、バルサミコ酢のソースをかける。

## 鴨胸肉のポワレ イチジクのソース

P.65

[材料]（4人分）
鴨胸肉…2枚
塩・胡椒…適量
イチジクのソース（P.146参照）…適量
イチジクのロースト
　[イチジク…4個、はちみつ…小さじ4、バター…小さじ4]
あしらい
　[ミント、ローズマリー、アネット、エストラゴン、セルフィーユ…各適量]

[作り方]
1 鴨胸肉に塩・胡椒をふり、皮目を下にしてポワレする。途中フライパンの油を表面にかけながら焼き、皮目がパリッと焼けたら肉を取り出し、アルミホイルで包む。キッチンの温かいところで15分ほど肉を休ませ、予熱で火を通す。
2 イチジクのローストを作る。イチジクの底のかたい部分を切り取り、ヘタから約1/3位のところで切り分ける。切り口に、1個のイチジクに対してはちみつ小さじ1、バター小さじ1をのせ、ヘタの部分とともに180℃のオーブンで約5分ローストする。
3 皿に2のイチジクの大きい方を置き、周囲にフレッシュハーブを飾る。
4 鴨肉をスライスしてイチジクの上に盛り、温めたイチジクのソースをかけ、3のヘタの部分を飾る。

旨味の肉料理

## 蝦夷鹿のポワレ カシスソース 焼き野菜添え
P.66

[材料]（4人分）
蝦夷鹿の骨つき背肉（サドル）…4本
塩・胡椒…適量
サラダ油…適量
野菜
　[あやめかぶ、かぶ、椎茸、自然薯、しめじ、新玉ねぎ、トマト、人参、プチベール、紅大根（皮が赤い大根）、芽キャベツ…各適量]
オリーブ油…適量
カシスソース（P.147参照）…適量
サマートリュフ…適量
ポム・ピューレ（P.158参照）…適量
あしらい
　[春菊、マイクロ赤水菜、マイクロレッドピリカラ…各適量]

[作り方]
1 鹿の背肉の部分を切り分ける。塩・胡椒をふり、サラダ油を熱したフライパンでポワレする。
2 野菜を調理する。プチベールと芽キャベツはそれぞれ塩を加えた湯で茹で、氷水に落として水気を取って切る。他の野菜はそれぞれ食べやすい大きさに切り、オリーブ油を熱したフライパンで焼く。
3 皿にポム・ピューレをしき、ポワレした鹿肉をのせる。2の野菜とあしらいのマイクロリーフ類、サマートリュフを飾り、カシスソースをかける。

## 文旦と若鶏のフリカッセ
P.67

[材料]（4人分）
鶏のムネ肉…4枚
塩・胡椒…適量
サラダ油…適量
エシャロット、シャンピニオン、ベーコン…各適量
白ワイン…400cc
フォン・ブラン（P.138参照）…少量
生クリーム…120cc
文旦…適量

[作り方]
1 鍋にサラダ油を熱し、薄切りにしたエシャロットとシャンピニオン、ベーコンを加えてていねいによく炒める。ここで充分に甘味を引き出しておく。
2 鶏肉に塩・胡椒をふり、フライパンで皮目にも焼き色をつけて1の鍋にのせる。フライパンにフォン・ブランを加えてデグラッセし、その水分も鍋に加える。
3 白ワインとフォン・ブランも加え、火が入るまで弱火で8〜10分ほど煮込む。汁気が多いときは、鶏肉を取り出して煮詰めて味を出す。
4 鍋の汁気がなくなったら、生クリームを加え、最後に文旦の実を加えてからめ、軽く加熱する。

## 牛タンとじゃがいものラビゴットソース
P.68

[材料]（4人分）
牛タン…500g
塩…適量
人参…1本
玉ねぎ…1個
長ねぎ（青い部分）…1/2本
にんにく…1株
じゃがいも…2個
ビネグレットソース（P.142参照）…適量
ラビゴットソース（P.148参照）…適量
あしらい
　[アネット、セルフィーユ、エストラゴン…各適量]

[作り方]
1 牛タンは、かたまりのまま塩をたっぷりとすり込み、冷蔵庫で半日くらいねかせてから、人参、玉ねぎ、長ねぎ、にんにくとともに鍋に入れ、たっぷりの水を注ぎ火にかける。沸騰したら弱火にして、肉がやわらかくなるまで約2時間煮込む。
2 じゃがいもは皮をむき、適当な大きさに切ってやわらかく茹でる。茹で上がったらビネグレットソースで和える。
3 2のじゃがいもをしき、茹でた牛タンを2〜3cmの厚さに切って盛る。ラビゴットソースをかけ、アネット、セルフィーユ、エストラゴンを添える。

## 牛テールと
## じゃがいものコロッケ
## きのこのマデラソース
—— P.69

[材料]（4人分）
牛テール…1/2本
塩…適量
香味野菜
　[玉ねぎ、人参、にんにく、長ねぎ（青い部分）、パセリの茎等…各適量]
エシャロット（みじん切り）…大さじ1/2、
パセリ…大さじ1/2
塩・胡椒…適量
ポム・ピューレ（P.158参照）…適量
きのこのマデラソース（P.147参照）
…適量
コロッケの衣
　[小麦粉、溶き卵、パン粉…各適量]

[作り方]
1 牛テール肉に塩をふり、深めの鍋で香味野菜とともに水からやわらかくなるまで2～3時間煮込む。
2 煮えた牛テール肉をほぐし、エシャロット、パセリを加えてよく混ぜ、塩・胡椒で味をととのえる。
3 ポム・ピューレと2を混ぜる。これをバットに広げて冷ます。
4 3を適当な大きさに丸め、小麦粉、溶き卵をつけ、パン粉をまぶし、中温の油で揚げる。
5 皿にきのこのマデラソースをしき、コロッケを盛り付ける。

## リー・ド・ヴォーの
## ポワレ
## ロックフォール添え
—— P.70

[材料]（4人分）
リー・ド・ヴォー…480g
塩…ひとつまみ
白ワインビネガー…少量
塩・胡椒…適量
小麦粉…少量
オリーブ油…適量
ロックフォール…50g×4
付け合わせの野菜
　[カリフラワー、グリーンアスパラガス、さやえんどう、プチトマト、ブロッコリー、ミニキャロット、ミニ大根、ヤングコーン…各適量]
バター…適量

[作り方]
1 リー・ド・ヴォーの下ごしらえをする。水にさらしておき、鍋に入れて、たっぷりの水を注ぎ、塩ひとつまみ、白ワインビネガーを少量加え、火にかける。沸騰したらすぐにリー・ド・ヴォーを取り出して氷水に落とし、冷まして水分をよくふき取る。筋や薄皮を取りのぞき、1人分約120gに切り分ける。
2 1のリー・ド・ヴォーに塩・胡椒をふり、小麦粉を薄くまぶす。フライパンにオリーブ油を熱し、表面をカリッと焼き固める。
3 2を天板に移し、ロックフォールをのせ200℃のオーブンで約10分焼く。
4 付け合わせの野菜を準備する。加熱用の野菜の下ごしらえは、P.175の「イサキのポワレ　サラダ仕立て　バジルソース」を参照。これらはバターでソテーする。
5 皿に4をしき、ポワレしたリー・ド・ヴォーを盛る。天板に溶けて残ったロックフォールチーズをのせる。

旨味の肉料理

# 繊細な味わいの魚介料理

## 鮎のポワレ バージョンヴェール
―――― P.72

[材料]（4人分）
アユ…4尾
塩…適量
アユの詰め物
　[にんにく、ローリエ（ドライ）、タイム、粗塩…各適量]
オリーブ油…適量
野菜（加熱するもの）
　[茎ブロッコリー、ズッキーニ、スナップえんどう、プチベール、芽キャベツ…各適量]
野菜（生のもの）
　[青トマト、ミニ青唐辛子、ミニ青トマト、ミニきゅうり…各適量]
バジルソース（P.142参照）…適量
あしらい
　[マイクロレッドピリカラ、紫水菜、わさび菜、ローズマリー、アーモンドやひいらぎの若葉など…各適量]
オリーブ油（仕上げ用）…適量

[作り方]
1 アユは鱗を取り、内臓を取り除く。腹の中ににんにくとローリエ、タイム、粗塩を詰めて多めに塩をふり、オリーブ油を熱したフライパンでポワレする。
2 付け合わせの野菜を準備する。加熱用の野菜の下ごしらえは、P.171の「レギューム　春　2016」を参照。これらをオリーブ油を熱したフライパンで焼く。生野菜は、どれも食べやすく切る。
3 皿に2の野菜を中央にしき、ポワレしたアユをのせる。アユの周囲をあしらい用のマイクロリーフやハーブ、庭の若葉で取り囲むように盛り付け、バジルソースを点々とかける。仕上げにオリーブ油をさっとかける。

## ホワイトアスパラガスのグラタン　帆立のポワレ
―――― P.74

[材料]（4人分）
ホワイトアスパラガス…適量
帆立貝柱（生食用）…4個
塩・胡椒…適量
オリーブ油…適量
ソース
　[ベシャメルソース（P.148参照）…適量、生クリーム…ベシャメルソースの1/10の量、パルミジャーノ…少々]
パルミジャーノ…適量
あしらい
　[マイクロアマランサス、マイクロレッドピリカラ…各適量]

[作り方]
1 ホワイトアスパラガスの皮を厚めにむき、オリーブ油を熱したフライパンでローストして切る。
2 ベシャメルソースに生クリームとパルミジャーノを加える。
3 器に1のホワイトアスパラガスをのせ、2のソースをかけてパルミジャーノをふる。これをサラマンダーで焼き色をつける。
4 帆立貝柱は焼く直前に塩・胡椒をふり、ポワレする。片面を7、もう片面を3程度のイメージで焼き、中は生に仕上げる。
5 4の帆立貝を3にのせ、マイクロリーフを飾る。

繊細な味わいの魚介料理

## ハタと筍の一皿
P.75

[材料]（4人分）
ハタ（切り身）…80g×4枚
塩・胡椒…適量
オリーブ油…適量
野菜
　［茎ブロッコリー、菜花、プチベール、芽キャベツ…各適量］
筍のソース（P.144参照）…適量
バター…適量
あしらい
　［春菊、ミニデトロイト…各適量］

[作り方]
1 ハタは塩・胡椒をふり、オリーブ油を熱したフライパンで皮目から焼く。
2 野菜を準備する。野菜の下ごしらえは、P.171の「レギューム　春　2016」を参照。
3 ソースを作るときに使った筍を縦に6等分に切り分け、バターを溶かしたフライパンでソテーする。2の野菜も一緒にソテーする。
4 皿にポワレしたハタをおき、3の筍と野菜をのせ、筍のソースをかける。あしらいの野菜を飾る。

## アイナメのポワレ バージョンブラウン
P.76

[材料]（4人分）
アイナメ…80g×4枚
塩・胡椒…適量
オリーブ油…適量
野菜
　［じゃがいも、新玉ねぎ、椎茸、シャンピニオン…各適量］
オリーブ油…適量
あしらい
　［マイクロアマランサス、ミニ赤じそ、タイム、ローズマリー…各適量］
オリーブ油（仕上げ用）…適量

[作り方]
1 アイナメは三枚におろして軽く塩・胡椒をふり、オリーブ油を熱したフランパンでポワレする。皮目から焼き始め、両面を焼き上げる。
2 野菜の調理をする。じゃがいもは皮をむき、さいの目に切る。新玉ねぎと椎茸、シャンピニオンは食べやすく切る。それぞれオリーブ油を熱したフライパンでソテーする。
3 皿にソテーした野菜をしき、ポワレしたアイナメをのせる。あしらいの野菜やハーブを飾る。
4 オリーブ油を仕上げにかける。

## スズキのポワレ ブールブランソース
P.77

[材料]（4人分）
スズキ（切り身）…80g×4枚
塩・胡椒…適量
オリーブ油…適量
ブールブランソース（P.149参照）…適量
あしらい
　［人参、ズッキーニ、長ねぎ、セルフィーユ、アネット…各適量］
ポム・ピューレ（P.158参照）…適量
塩・胡椒…適量

[作り方]
1 スズキは塩・胡椒をふり、オリーブ油を熱したフライパンで皮目から焼き上げる。
2 あしらいの人参、ズッキーニ、長ねぎはせん切りにして素揚げにし、軽く塩をふる。
3 皿にポム・ピューレをしき、3の魚を盛り、ブールブランソースをかける。2の揚げ野菜、セルフィーユ、アネットを飾る。

### 真鯛のポワレ シャンパンソース
P.78

[材料]（4人分）
真ダイ（切り身）…80g×4枚
塩・胡椒…適量
オリーブ油…適量
シャンパンソース（P.149参照）…適量
あしらい
　[長ねぎ…1本、人参…1/2本、ズッキーニ…1/2本、セルフィーユ…適量、アネット…適量]
ポム・ピューレ（P.158参照）…適量

[作り方]
1 真ダイは軽く塩・胡椒をふり、オリーブ油を熱したフライパンでポワレする。皮目から焼き始め、両面を焼き上げる。
2 あしらいを用意する。長ねぎ、人参、ズッキーニはせん切りにし、中温の油で素揚げする。
3 皿にポム・ピューレをしき、ポワレした真ダイを盛り、シャンパンソースをかける。
4 2の野菜とフレッシュハーブを飾る。

### 魚のポワレ 軽い赤ワインのソース
P.79

[材料]（4人分）
白身魚（切り身）…80g×4枚
塩・胡椒…適量
オリーブ油…適量
軽い赤ワインのソース（P.150参照）…適量
あしらい
　[タイム、セルフィーユ、アネット…各適量]
ポム・ピューレ（P.158参照）…適量

[作り方]
1 白身魚に塩・胡椒をふり、オリーブ油を熱したフライパンで、ポワレする。
2 皿にポム・ピューレをしき、1の魚をのせる。周囲に赤ワインソースをかけ、あしらいのフレッシュハーブを飾る。

### 白身魚のオランデーズソース
P.80

[材料]（4人分）
タイ（切り身）…80g×4枚
塩・胡椒…適量
オリーブ油…適量
オランデーズソース（P.152参照）…適量
付け合わせの野菜
　[いんげん、かぶ、カリフラワー、グリーンアスパラガス、絹さや、人参、ブロッコリー、プチトマト…各適量]

[作り方]
1 タイは三枚におろし、切り身にする。
2 1のタイに塩・胡椒をふり、オリーブ油を熱したライパンでこんがりと焼く。
3 付け合わせの野菜の調理をする。野菜の下ごしらえは、P.175の「イサキのポワレ　サラダ仕立て　バジルソース」を参照。
4 皿に2の野菜をしき、オランデーズソースをかける。ソースの表面をバーナーで焼いて焦がし、ポワレしたタイを盛り付ける。バーナーがない場合は上火のオーブンで焼き色をつける。

### クスクスを付けたヒラメの温製 トマトの冷たいクーリ添え
P.81

[材料]（4人分）
ヒラメ（切り身）…80g×4枚
塩・胡椒…適量
クスクス…適量
オリーブ油…適量
タイム…4本
クーリ・ド・トマト（P.143参照）…適量

[作り方]
1 ヒラメをおろし、塩・胡椒をふり、身の方にクスクスをつける。
2 オリーブ油を熱したフライパンでヒラメを焼く。クスクスをつけた方から焼き始め、ひっくり返したらタイムをのせ、オーブンに移して火を通す。
3 冷やした皿にクーリ・ド・トマトをしき、火を通したヒラメをのせ、タイムをあしらう。

繊細な味わいの魚介料理

## サーモン・ミ・キュイと5種のトマトのアンサンブル
P.82

[材料]（4人分）
サーモン（タスマニアサーモン）…80g×4枚
塩・胡椒…適量
オリーブ油…適量
ビネグレットソース（P.142参照）…適量
野菜
　[カステルフランコ、チコリフリーゼ、トマト（赤、緑、黄、ショコラ）、ラディッキオプレコーチ…各適量]
あしらい
　[マイクロアマランサス、マイクロレッドピリカラ、マジェンタ、ミニ春菊、アネット、セルフィーユ…各適量]
ポム・ピューレ（P.158参照）…適量
グロセル（岩塩）…適量

[作り方]
1 サーモンをおろし、皮を引かずに切り分ける。塩・胡椒をふってオリーブ油を熱したフライパンで皮目から焼く。皮目に火が入ったら返し、反対側は温まる程度に火を入れて取り出す。
2 野菜をそれぞれ食べやすく切り、ビネグレットソースで和える。トマトは多めのビネグレットソースで、他の野菜は少なめのビネグレットソースで和える。
3 器にポム・ピューレをしき、焼いたサーモンをのせる。2の野菜とマイクロリーフ類を彩りよくあしらい、グロセルをふる。

## オマール海老のフリカッセ
P.83

[材料]（4人分）
オマール海老…4尾（1尾約500g）
クールブイヨン（ブイヨン・ド・レギューム P.139参照）…適量
バター…適量
アメリケーヌソース（P.151参照）…適量
付け合わせの野菜
　[かぶ…2個、グリーンアスパラガス…4本、人参…1本、プチトマト…8個、ブロッコリー…1/2株、ヤングコーン…4本]
あしらい
　[エストラゴン、セルフィーユ…各適量]
※クールブイヨンを使わず、野菜の茹で汁に白ワインビネガーを加えたもので茹でてもよい。

[作り方]
1 オマール海老は殻つきのまま、クールブイヨンで茹でて火を通し、軽く茹でる。茹で上がったら氷水に落として冷ます。茹で時間の目安は、500gのオマール海老で3分30秒。
2 オマール海老の頭をはずして身とハサミの部分に分ける。身の部分はタオルなどをかけ、殻を軽く押しつぶし、割れ目に指を入れて殻をはずす。ハサミと殻はキッチンバサミで割り、中の身を抜き取るようにむく。
3 付け合わせの野菜を準備する。野菜の下ごしらえは、P.175の「イサキのポワレ サラダ仕立て バジルソース」を参照。
4 殻から身をはずしたオマールをバターでソテーする。ソテーしたオマールはアメリケーヌソースの鍋に入れ軽く火にかけ、味をからませる。
5 皿に3の野菜をしき、4のオマールを盛る。アメリケーヌソースをかけ、エストラゴン、セルフィーユを飾りつける。

## 白身魚ときのこのクレピネット包み
P.84

[材料]（4人分）
アイナメ（切り身）…50g×4枚
塩・胡椒…適量
クレピネット（網脂）…適量
クレピネットで包む具
　[しめじ…1/2パック、椎茸…4枚、シャンピニオン…4個、サラダ油…適量、塩・胡椒…適量、エシャロット（みじん切り）…小さじ1、バター…小さじ2、シブレット…小さじ1]
サラダ油…適量
ソース
　[フォン・ド・ボー（P.140参照）…50cc、オリーブ油…50cc、ベーコン…1枚、シブレット…小さじ1]
ポム・ピューレ（P.158参照）…適量
セルフィーユ…適量

[作り方]
1 アイナメは三枚におろし、皮に庖丁目を入れ、塩・胡椒をふる。
2 クレピネットで包む具を作る。きのこは食べやすい大きさに切り、サラダ油で炒める。塩・胡椒で味をととのえ、エシャロットのみじん切り、バター、シブレットの順に加えて炒め、バット等に広げて冷ましておく。
3 P.84の手順を参照して、2の具をクレピネットで巻き、サラダ油を熱したフライパンで、中火で焼く。
4 ソースを作る。鍋にフォン・ド・ボーを入れて少し煮詰め、オリーブ油を加える。ここに炒めたベーコンとシブレットを加え、味をととのえて仕上げる。
5 皿にポム・ピューレをしき、3を盛り、4のソースをかける。セルフィーユをあしらう。

## フレンチスタイルの一品

### ドウフィノワーズ じゃがいものグラタン
P.86

[材料]（2〜3人分）
じゃがいも…3個
牛乳…200cc
生クリーム…200cc
にんにく（みじん切り）…小さじ1
塩…適量
ナツメグ…少量
バター…適量
パルミジャーノ…適量

[作り方]
1 じゃがいもは皮をむき、7mmほどにスライスする。
2 鍋に牛乳、生クリーム、1のじゃがいも、にんにくのみじん切りを入れ、塩、ナツメグをふり、鍋底が焦げつかないように沸騰させる。
3 耐熱の器ににんにく（分量外）をこすりつけ、バターを塗る。ここに2を入れ、上からすりおろしたパルミジャーノをふり、180〜200℃のオーブンで約15分焼く。

### 牛肉と野菜のポトフ
P.87

[材料]（4〜6人分）
牛バラ肉…600g
塩…適量
先に煮込む材料
　[人参…1本、玉ねぎ…1個、クローブ…2粒、ローリエ（ドライ）…1枚、にんにく…1株、長ねぎ…2本分、セロリ…1本、ポワロー…少量、ブーケガルニ…1本]
後から煮込む材料
　[かぶ…2個、カリフラワー…4房、絹さや…適量、グリーンアスパラガス…適量、ブロッコリー…4房、ヤングコーン…適量]
塩…適量
プチトマト…適量
あしらい
　[エストラゴン、セルフィーユ、アネット…各適量]

[作り方]
1 煮込む野菜の下ごしらえをする。人参は皮をむき、十文字に切り込みを入れる。玉ねぎはクローブを刺し、ローリエをはさむ。にんにくは株ごと横に切る。後から煮込む野菜の下ごしらえは、P.175の「イサキのポワレ　サラダ仕立て　バジルソース」を参照。
2 P.87の手順1〜3を参照してポトフを仕込む。
3 野菜が煮えたら塩で味をととのえる。
4 牛肉を食べやすい大きさに切り、野菜、スープとともに盛り、プチトマトとフレッシュハーブをあしらう。好みで粒マスタードとグロセルを添える。

## 魚介のグラタン仕立て
P.88

[材料]（4～6人分）
グラタンの具
　[白身魚…120g、帆立貝柱…4個、海老…4尾、塩・胡椒…適量、オリーブ油…適量、ほうれん草…1束、バター…適量、にんにく…1かけ、塩…適量、フォン・ブラン（P.138参照）…少量]
モルネーソース（P.150参照）…適量
パルミジャーノ…少量

[作り方]
1 グラタンの具を用意する。白身魚、帆立貝柱、海老は塩・胡椒をふり、オリーブ油を熱したフライパンで強火で焼き、表面を焼き固める。ほうれん草は下茹でしてからフライパンにバターを溶かしにんにくを加え、ソテーする。仕上げぎわに少量のフォン・ブランを加える。
2 器に1のほうれん草のソテーをしき、その上にソテーした魚介をのせる。
3 モルネーソースをたっぷりとかけ、パルミジャーノをふり、オーブンで焼く。

## 豚肉の香草パン粉焼き
P.89

[材料]（4人分）
豚ロース肉…150g×4枚
塩・胡椒…適量
マスタード…大さじ4
オリーブ油…適量
香草パン粉
　[フランスパン、にんにく、フィーヌゼルブ（パセリでも可）、塩…各適量]
ソース
　[フォン・ブラン（P.138参照）…300cc、バター…大さじ2]
付け合わせの野菜
　[ピーマン（赤・黄）、ズッキーニ、オリーブの実（緑・黒）、トマト等…各適量]

[作り方]
1 香草パン粉を作る。乾燥させたフランスパンをフードプロセッサーで細かく砕きパン粉にする。（市販のパン粉でも可）。これににんにくのみじん切り、フィーヌゼルブ、塩を加えてよく混ぜる。
2 豚ロース肉に塩・胡椒をふり、フライパンで焼き色をつける。別の鍋に移し、マスタードを薄くぬって、1の香草入りパン粉をまぶししっかりと押し固める。少量のオリーブ油を衣にかけ、200℃のオーブンで、焼き色がつくまで10分ほど焼く。
3 ソースを作る。2の鍋に残った油を捨て、フォン・ブランを加えて煮詰める。半分まで煮詰まったら火を止め、バターを溶かしてモンテする。
4 付け合わせを作る。赤ピーマン、黄ピーマン、ズッキーニ、オリーブの実、トマトなどを食べやすく切り、ソテーする。
5 皿に4の野菜と焼いた豚肉を盛り、3のソースをかける。

## 里芋と白身魚のフリットカレー風味
P.90

[材料]（4人分）
イサキ…1/2尾
里芋…中4個
エリンギ…2本
フォン・ブラン（P.138参照）…適量
片栗粉…適量
カレー塩
　[カレー粉…大さじ1、自然塩…大さじ4、ターメリック…小さじ1/2]

[作り方]
1 カレー塩を作る。自然塩にカレー粉、ターメリックを加えてよく混ぜ合わせる。好みに応じてカレー粉やターメリックの量は調整する。
2 里芋の下ごしらえをする。皮をむいて3つほどに切る。塩を加えた水で茹で、沸騰して2分ほど煮たら冷水に取る。里芋の表面のぬめりをよく洗い、水気を切る。この里芋をフォン・ブランで約15分煮込む。
3 2の里芋の水気をふき取り、軽く片栗粉をまぶして中温の油で揚げる。
4 エリンギは石づきを取り、縦4等分にする。イサキは食べやすい大きさに切り、軽く片栗粉をまぶして中温の油で揚げる。
5 3の里芋、4のエリンギとイサキに1のカレー塩をふり、皿に盛り付ける。ターメリックを周囲にふる。

フレンチスタイルの一品

## じゃがいもと白身魚のガレット —— P.91

[材料]（2人分）
じゃがいも…2個
塩…適量
タイ（切り身）…80g
塩・胡椒…適量
サラダ油…大さじ3
バター…大さじ2
ビネグレットソース（P.142参照）…適量
付け合わせの野菜
　　［ルッコラ、クレソン…各適量］
オリーブ油（仕上げ用）…大さじ2

[作り方]
1 じゃがいもはせん切りにし、軽く塩をふりよく混ぜる。タイはひと口大に切り分け、塩・胡椒をふる。
2 熱したフライパンにサラダ油を引き、セルクル型を置き、じゃがいも→白身魚→じゃがいもの順に重ね、スプーンで軽く押さえて形をととのえながら、中火で火を入れる。
3 2のセルクルのまわりとじゃがいもの上にバターをのせ、片面に火が入ったら裏返し、返しで押さえながら、もう片面も中火で焼く。
4 付け合わせの野菜を食べやすい大きさにちぎり、ビネグレットソースで和える。
5 皿にじゃがいもと白身魚のガレットを置き、4の野菜を盛り、小鍋で熱したオリーブ油をさっとかけて提供する。

## ヒラメのアロマット —— P.92

[材料]（4人分）
ヒラメ…80g × 4枚
塩・胡椒…適量
オリーブ油…適量
ヒラメにのせる具
　　［ピーマン（赤・黄）…各1/2個、ナス…1個、トマト…小2個、ズッキーニ…1/2本、にんにく…1かけ、タイム…1本、ローリエ（ドライ）…1枚、オリーブ油…適量、塩…適量］
生クリーム…200cc
粒マスタード…大さじ2

[作り方]
1 ヒラメにのせる野菜を全て3mm角に刻み、にんにく、タイム、ローリエとともに、少し多めのオリーブ油で、軽く炒め、塩で味をととのえる。ボウルに移し、よく混ぜ合わせる。少しねかせた後、ザルで余分な油を切っておく。
2 生クリームは八分立てし、粒マスタードを加えてよく混ぜる。
3 ヒラメに塩・胡椒をふり、薄くオリーブ油を引いた天板に、皮側が下になるように並べる。これに2をぬる。
4 3に1をたっぷりとのせ、200℃のオーブンで10分ほど焼く。
5 皿に盛る。

## クスクス —— P.93

[材料]（4〜6人分）
仔羊肩肉…600g
塩・胡椒…適量
サラダ油…適量
白ワイン…100cc
フォン・ブラン（P.138参照）…400cc
煮込み用の材料
　　［人参…1本、玉ねぎ…1個、トマト…1個、タイム…2本、ローズマリー…1本、ピーマン（赤・黄）…各1個、ズッキーニ…1本、かぶ…1個］
クスクス…360g（1人前約60g）
塩…中さじ1強（約6g）
バター…大さじ3

[作り方]
1 子羊肩肉はひと切れ約100gに切り分け、塩・胡椒をふってしばらくねかせる。
2 サラダ油を熱したフライパンで、1の肉を強火で焼く。肉の表面がきつね色になるぐらいに強く焼き色をつけ、鍋に移す。肉を焼いた後のフライパンに白ワイン100ccを入れてデグラッセし、これも鍋に加える。
3 2の鍋にフォン・ブランと少量の水を加え火にかけ、食べやすく切った人参、玉ねぎ、トマト、タイム、ローズマリーを加え、弱火で肉がやわらかくなるまで煮込む。
4 3の肉がやわらかくなったら、食べやすい大きさに切った赤ピーマン、黄ピーマン、ズッキーニ、かぶを加え、野菜がやわらかくなるまで煮込み、塩・胡椒で味をととのえる。
5 クスクスをバットにあけ、塩をふり、バターをのせてクスクスがひたひたになるぐらいの熱湯をかけ、フォークでほぐしながら混ぜる。バットにラップをかけ、調理場の温かいところに5分ほど置いておく。
6 皿に5のクスクスを盛り、煮込んだ肉と野菜をかける。タイムを添える。

## ベーコンとほうれん草のキッシュ
P.94

[材料]（6人分）
冷凍パイシート（フィータージュ）…一皿分
キッシュの具A
　［全卵…3個、生クリーム…150cc、牛乳…150cc、塩・胡椒…適量、ナツメグ…少量、パルミジャーノ…60g］
キッシュの具B
　［バター…大さじ2、にんにく…1かけ、ベーコン…3枚、ほうれん草…1束、フォン・ブラン（P.138参照）…少量］
パルミジャーノ…適量

[作り方]
1 キッシュの型に冷凍のパイシートをしき込む。生地の底の部分にフォークで空気穴をまんべんなく開けて冷蔵庫で15分ほど休ませる。重石をのせ、200℃のオーブンで空焼きする。
2 キッシュの具Aを作る。ボウルに卵を割り入れ、生クリーム、牛乳を加えよく混ぜ合わせる。塩・胡椒、ナツメグを加えて味をととのえ、パルミジャーノを加えてさらによく混ぜ合わせる。
3 キッシュの具Bを作る。フライパンにバターを溶かし、少し焦げ色がついたところににんにく、3cm幅に切ったベーコンを加えて炒める。ベーコンに火が通ったら、下茹でしたほうれん草を加えて炒め、塩・胡椒で味をととのえ、フォン・ブランを加え、強火にして水分をとばす。
4 1の空焼きしたパイ生地にキッシュの具Bを平らにしき、キッシュの具Aを流し入れる。
5 パルミジャーノをすりおろしてたっぷりとかけ、180℃のオーブンで約20分焼く。

## クロックムッシュ
P.95

[材料]（2人分）
食パン…4枚
バター…適量
ハム…4枚
パルミジャーノ…適量
ビネグレットソース（P.142参照）…適量
付け合わせの野菜
　［アンディーブ、トレビス、クレソン、マーシュ、チコリフリーゼ、ピンクロッサ…各適量］

[作り方]
1 食パンにバターを塗り、ハムを2枚のせる。もう1枚の食パンにもバターを塗り、ハムの上にバターを塗った面を合わせて重ねる。
2 天板に1をのせ、パルミジャーノをすりおろしてたっぷりかけてオーブンでこんがりと焼く。オーブントースターやフライパンで焼いてもよい。
3 付け合わせの野菜は食べやすくちぎり、ビネグレットソースで和えて2に添える。

## エスカルゴのフリカッセ
P.96

[材料]（4～6人分）
エスカルゴ（缶詰）…1缶
クールブイヨン（ブイヨン・ド・レギューム P.139参照）…適量
きのこ（椎茸、しめじ、シャンピニオン、ひら茸、ジロール茸、トランペット茸など旬のもの）…約300g
塩・胡椒…適量
バター…大さじ2
エシャロット（みじん切り）…大さじ1
サラダ油…適量
ブランデー…30cc
マデラ酒…30cc
生クリーム…250cc
シブレット…適量

[作り方]
1 エスカルゴの水気をよく切り、クールブイヨンで15分ほど煮て臭みを抜き、ザルに上げる。
2 きのこを食べやすい大きさに切り、サラダ油を熱したフライパンで炒める。塩・胡椒、エシャロットを加え、きのこがしんなりしたら、1のエスカルゴ、バター大さじ1を加えて炒める。ブランデー、マデラ酒を加え、強火でアルコール分を飛ばし、軽く煮詰める。
3 生クリームを加えさらに軽く煮詰め、バター大さじ1を加えてモンテし、火を止めてシブレットを加える。

フレンチスタイルの一品

# 盛り込み・取り分け料理

## 牛フィレ肉のロースト
P.98

[材料]（6人分）
牛フィレ肉…1kg
塩・胡椒…適量
サラダ油…適量
人参…1本
玉ねぎ…1個
にんにく…1株
ジュのソース（P.151参照）…適量
付け合わせの野菜
　[かぶ、カリフラワー、グリーンアスパラガス、人参、プチトマト、ブロッコリー、ミニ大根、ヤングコーン…各適量]
シブレット…適量

[作り方]
1 牛フィレ肉にたこ糸を巻きつけ、塩・胡椒を肉全体に手ですり込む。サラダ油を熱したフライパンで、肉の表面を焼き固める。
2 人参、玉ねぎは乱切りに、にんにくは株のまま横半分に2つに切り、天板にしく。
3 2の野菜に1の肉をのせて180℃のオーブンで約20分焼く。ときどき肉をひっくり返し、均一に火を通す。
4 付け合わせの野菜を準備する。トマト以外の野菜の下ごしらえは、P.175の「イサキのポワレ　サラダ仕立て　バジルソース」を参照。
5 大皿に4の野菜をしき詰め、ローストした牛フィレ肉を盛り、ジュのソースを添える。

## 仔牛のロースト　マスタードソース
P.99

[材料]（3人分）
仔牛骨つき背肉…1本
塩・胡椒…適量
サラダ油…適量
ローズマリー…適量
バター…適量
マスタードソース
　[フォン・ブラン（P.138参照）…150cc、塩…適量、粒マスタード…大さじ1]
付け合わせの野菜
　[カリフラワー、ブロッコリー…各1/2株、人参…1本、ミニ大根…3本]
ポム・ロティ（P.158参照）…適量

[作り方]
1 仔牛肉を切り分けて塩・胡椒をふり、サラダ油を熱したフライパンで強火で焼き、表面を焼き固める。表面に焼き色がついたらローズマリー、バターをのせ、200℃のオーブンで約10分焼く。
2 マスタードソースを作る。1のフライパンに残った油を捨て、フォン・ブランを加えて1/3まで煮詰める。塩で調味し、マスタードを加えてソースを仕上げる。
3 付け合わせの野菜を準備する。野菜の下ごしらえは、P.175の「イサキのポワレ　サラダ仕立て　バジルソース」を参照。これらはバターでソテーし、塩・胡椒で味をととのえる。
4 大皿に焼いた仔牛肉を盛り、付け合わせの野菜とポム・ロティを添える。
※取り分けるときは、ローストした仔牛の骨に沿ってナイフを入れ、骨の部分を外して切り分ける。

## 仔羊のもも肉のロースト
———— P.100

[材料]（8人分）
ラム骨つきモモ肉…1本（約2kg）
付け合わせ（白いんげん豆）
　[白いんげん豆…400g、塩…少量、クローブ…3粒、ローリエ（ドライ）…1枚、玉ねぎ…1個]
モモ肉の詰め物
　[グロセル（岩塩）…適量、にんにく…10かけ、タイム…5枝]
塩・胡椒…適量
サラダ油…適量
人参…1本
玉ねぎ…1個
にんにく…1株
サラダ油…適量
タイム…適量
ローリエ（ドライ）…適量
ソース
　[フォン・ブラン（P.138参照）…300cc、バター…大さじ2、塩・胡椒…適量]

[作り方]
1 付け合わせの白いんげん豆を煮る。白いんげん豆は水にひと晩ひたし、戻しておく。鍋に戻した白いんげん豆を入れ、たっぷりの水を注ぎ、塩と、クローブとローリエを刺した玉ねぎを加え、やわらかくなるまで煮る。
2 P.101の手順を参照して、仔羊のモモ肉に詰め物をする。塩・胡椒をたっぷりとふり、味がなじむようにしっかりとすり込む。よく熱したフライパンにサラダ油を入れ、強火で表面を焼き固める。
3 乱切りにした人参、玉ねぎ、にんにくをサラダ油でさっと炒め、天板にしく。ここに2の仔羊肉をおき、フライパンに残った焼き油をかけ、タイム、ローリエをのせる。
4 190℃に熱したオーブンで約20分間焼く。途中、天板にたまる油を全体にかけ、アロゼしながら焼く。
5 焼き汁からソースを作る。天板に残った焼き油を捨て、フォン・ブランを注ぎ、デグラッセする。これを小鍋に移し、軽く煮立ててから漉す。さらに2/3量に煮詰めて火を止め、バターでモンテし、塩・胡椒で味をととのえる。
6 大皿に1の白イングン豆をしき詰め、ローストした仔羊を盛り付ける。タイム、ローリエを飾り、ソースを添えて供する。
※取り分けるときは、仔羊のローストを表面から薄くスライスし、中に詰めたにんにくやタイムもいっしょに盛ってソースをかける。

## 丸ごと地鶏と野菜のポトフ
———— P.101

[材料]（6人分）
地鶏…1羽
地鶏の詰め物
　[エストラゴン、グロセル（岩塩）…各適量]
煮込み用の材料
　[かぶ…2個、カリフラワー…1/2個、キャベツ…1/2個、玉ねぎ…2個、人参…2本、ブロッコリー…1/2個、ミニ大根…6本、ヤングコーン…6本、クローブ…4粒、ローリエ（ドライ）…2枚]
あしらい
　[タイム、ローズマリー、セルフィーユ、アネット…各適量]
グロセル…適量
粒マスタード…適量

[作り方]
1 P.103を参照して、鶏の下ごしらえをする。
2 煮込み用の野菜の準備をする。かぶ、カリフラワー、ブロッコリー、ミニ大根、ヤングコーンの下ごしらえは、P.175の「イサキのポワレ　サラダ仕立て　バジルソース」を参照。
3 1の鶏を鍋に入れ、ひたひたの水を注ぎ、強火にかける。沸騰したら1度煮こぼしてアクを捨て、再び水を注いで皮をむいた人参、クローブとローリエを刺した玉ねぎを加えて火にかける。沸騰したら弱火にし、40分ほど煮込む。途中スープが煮詰まったら、水を足す。
4 3にキャベツを加えやわらかくなるまで煮込む。ここに2の野菜を加えてさらに軽く煮て、塩で味をととのえる。
5 深めの皿に煮えた鶏と野菜を盛り、スープを張る。フレッシュハーブをあしらい、グロセルと粒マスタードを添えて供する。テーブルで皿に取り分ける。

## プーレ・ロティ
P.102

[材料]（6人分）
若鶏…1羽
若鶏の詰め物
　［にんにく…3かけ、タイム…2枝、ローズマリー…2枝、グロセル（岩塩）…適量］
塩・胡椒…適量
サラダ油…適量
ソース
　［フォン・ブラン（P.138参照）…少量、バター…少量、パセリ…少量］
きのこソテー
　［しめじ…50g、シャンピニオン…50g、椎茸…50g、タイム…少量、バター…大さじ1］
ポム・ロティ（P.158参照）…適量

[作り方]
1 鶏の腹の部分ににんにく、タイム、ローズマリー、グロセルを入れ、足をたこ糸でしばる。鶏全体に塩・胡椒をし、サラダ油を熱したフライパンで表面に軽く焼き色をつける。
2 1の鶏を天板にのせ、フライパンに残った油を鶏全体にかける。このとき腹の中にもかける。180℃のオーブンに入れてローストし、途中、天板にたまった油と焼き汁をこまめに鶏全体にかけながら40〜50分焼く。
3 焼き上がったら、鶏を取り出してアルミホイルなどで覆って少し休める。
4 ソースを作る。天板にフォン・ブランを加え、木ベラで旨味をこそげ落とし、デグラッセする。これを小鍋で半分ほどに煮詰め、少量のバターをモンテする。パセリを加えてソースを仕上げる。
5 付け合わせのきのこのソテーを作る。きのこを食べやすい大きさに切り分け、サラダ油を熱したフライパンでソテーする。バターを加え、塩・胡椒で味をととのえる。
6 大皿にきのこのソテー、ポム・ロティをしき、焼き上げた鶏を盛り付ける。取り分けてからソースをかける。

## 鶏肉のバスク風煮込み
P.104

[材料]（4人分）
鶏肉…1羽分
塩・胡椒…適量
煮込み用の野菜
　［トマト…3個、ホールトマト…100g、玉ねぎ…1個、ピーマン（赤・黄）…各1個、ズッキーニ…2本、ナス…2本］
オリーブ油…適量
にんにく…3かけ
タイム…適量
ローリエ（ドライ）…適量
白ワイン…150cc
シブレット…適量

[作り方]
1 丸鶏は、モモのつけ根の関節にナイフを入れ、両モモを切り分け、次にムネの真中にナイフを入れて半分に切り分ける。切り分けたモモと胸肉を半分ずつに切って8つに切り分ける。
2 煮込み用の野菜はそれぞれ適当な大きさに切り分ける。
3 鍋にオリーブ油を入れてにんにく1かけを炒め、香りを出す。2のトマト、タイム1枝、ローリエ1枚を加えて炒め、ペースト状になるまで煮詰める。フライパンで2の玉ねぎを炒め、鍋に加える。
4 1の鶏肉にフライパンで焼き色をつけ、3の鍋に加える。フライパンに残った油を捨て、白ワイン（分量外）を加えてデグラッセし、これも鍋に加える。
5 オリーブ油を熱したフライパンで、2で切った赤ピーマン、黄ピーマン、とズッキーニ、ナスを、にんにく2かけ、タイム、ローリエとともに炒める。塩・胡椒で味をととのえ3の鍋に加える。
6 3の鍋に白ワイン150ccを加え、ふたをし中火で20分ほど煮込む。鶏肉に火が通り、やわらかくなったら大皿に盛り、シブレットを散らす。

## うさぎ背肉とラングスティーヌのローストきのこのマデラソース
P.105

[材料]（4人分）
ウサギ背肉…1羽分
ラングスティーヌ…4尾
塩・胡椒…適量
きのこのマデラソース（P.147参照）…適量
ポム・ピューレ（P.158参照）…適量
※ウサギ肉の代わりに鶏モモ肉（2枚）を使ってもよい。

[作り方]
1 P.105の手順を参照してウサギ肉の下ごしらえをする。
2 1を天板にのせ、200℃に熱したオーブンで約12分焼く。
3 焼き上がった2を適当な厚さに切り分け、ポム・ピューレとともに皿に盛り付け、きのこのマデラソースをしく。

## 鴨のコンフィ
P.106

[材料]（4人分）
鴨のコンフィ（P.157参照）…4本
じゃがいもの素揚げ
　[じゃがいも…適量]
きのこのソテー
　[シャンピニオン、椎茸、オリーブ油、塩・胡椒…各適量]
あしらい
　[タイム、ローズマリー…各適量]

[作り方]
1 コンフィをP.157の手順に従って仕込む。
2 煮た鴨肉を、サラダ油を熱したフライパンで焼く。
3 付け合わせを作る。じゃがいもは皮をむき、食べやすい大きさに切って素揚げする。きのこはオリーブ油でソテーし、塩・胡椒で調味する。
4 皿に3のじゃがいもの素揚げときのこのソテーをしき、焼いた鴨肉を盛る。タイム、ローズマリーを飾る。

## エイヒレのロースト 焦がしバターソース
P.107

[材料]（4人分）
エイヒレ…1/2匹分（骨つきなら600g）
塩・胡椒…適量
小麦粉…適量
オリーブ油…適量
バター150g
焦がしバターソース
　[アンチョビ（フィレ）…4枚、オリーブの実（緑・黒）…6粒、ケッパー大さじ…3、エシャロット…大さじ1、トマト…1/2個、パセリ…大さじ1、レモン汁…1/2個分]
ポム・ピューレ（P.158参照）…適量
ポム・ロティ（P.158参照）…適量
あしらい
　[セルフィーユ、アネット…各適量]

[作り方]
1 エイに塩・胡椒をふり、小麦粉を軽くまぶす。フライパンにオリーブ油を熱し、強火で1を焼いて表面に焼き色をつける。別の鍋に移し、小分けにしたバターをのせて200℃のオーブンで10分間ローストする。
2 焦がしバターソースを作る。1のロースト後に鍋に残ったバターを火にかけて焦がし、火からはずす。それぞれみじん切りにしたアンチョビ、オリーブの実、ケッパー、エシャロット、トマト、パセリを加え、レモン汁を最後に落として混ぜる。
3 皿にポム・ピューレをしき、ローストしたエイとポム・ロティを盛る。2のソースをかけ、セルフィーユ、アネットを散らす。

## カサゴのロースト オリーブとトマトのソース
P.108

[材料]（4～6人分）
カサゴ（約800g）…1尾
ピーマン（赤・黄）…各1個
ズッキーニ…1本
トマト…小2個
オリーブの実（緑・黒）…各8個
カサゴの詰め物
　[タイム…5～6本、ローズマリー…2本、ローリエ（ドライ）…1枚、グロセル（岩塩）…適量、にんにく…2かけ]
塩・胡椒…適量
オリーブ油…適量
ソース
　[フォン・ブラン（P.138参照）…150cc、オリーブ油…大さじ2、塩・胡椒…適量、レモン汁…少量、フィーヌゼルブ（P.89参照）…適量]

[作り方]
1 カサゴはうろこをひき、内臓を取り出し、中をよく洗う。
2 赤ピーマン、黄ピーマンは乱切りに、ズッキーニは10cmほどに切り分けたものを縦4等分に、トマトも縦に4等分にする。
3 1のカサゴの腹にタイム、ローズマリー、ローリエ、グロセル、にんにくを詰め、皮目に包丁を入れ、塩・胡椒をふる。タイムとローズマリーは次の手順でも使うので少々残しておく。
4 オリーブ油を熱した強火のフライパンで、3のカサゴの両面に軽く焼き色をつける。
5 4に、2の野菜とオリーブの実、タイム、ローズマリーも加えて軽くソテーする。カサゴの表面にオリーブ油をかけ、フライパンごと200℃のオーブンに入れ、約10分ローストする。
6 焼き上がったカサゴと野菜を取り出し、焼き汁の残ったフライパンにフォン・ブランを加えて少し煮詰める。ここにオリーブ油を大さじ2加え、塩・胡椒で味をととのえ、レモン汁を足して味を引きしめる。フィーヌゼルブを加えてソースにする。
7 皿にカサゴと野菜を盛り、ソースをかける。

盛り込み・取り分け料理

## ブイヤベース
P.110

[材料]（6〜8人分）
煮込み用の魚介
　[アイナメ…1尾、カサゴ…1尾、スズキ…1尾、イカ…1パイ、ムール貝…12粒、アサリ…18粒、ラングスティーヌ…3尾]
塩・胡椒…適量
オリーブ油…適量
付け合わせの野菜
　[ズッキーニ、ポワロー、ピーマン（赤・黄）…各少量]
ベースのスープ
　[人参…1/3本、セロリ…1/4本、玉ねぎ…1/3個、ポワロー…1/4本、トマト…1個、オリーブ油…適量、にんにく…2かけ、サフラン…少量、フォン・ブラン（P.138参照）…10カップ、タイム…少量、ローリエ（ドライ）…1枚]
ルイユ
　[ポム・ピューレ（P.158参照）…大さじ5、にんにく…1かけ、サフラン…少量、マヨネーズソース（P.143参照）…大さじ1]
ガーリックトースト…適量
あしらい
　[タイム、ローズマリー…各適量]

[作り方]
1 魚はそれぞれ内臓を抜き、ぶつ切りにする。イカは内臓を抜き輪切りにする。アサリは海水程度の塩水で砂を充分に吐かせ、よく洗う。ラングスティーヌは背から包丁を入れ2つに開き、いったんグリルする。
2 付け合わせ用の野菜はすべてせん切りにし、オリーブ油を加えた湯でさっと茹でておく。
3 ベースのスープを作る。人参、セロリ、玉ねぎ、ポワローは5mm角に切り、トマトは湯むきして種を取り、さいの目に切る。オリーブ油を熱した鍋で刻んだにんにくを炒め、香りが出てきたら角切りにした人参、セロリ、玉ねぎを加え、しんなりするまで炒める。ここにサフラン、切ったトマトを加え、フォン・ブランを注ぐ。タイム、ローリエを加えて半量ぐらいまで煮詰める。
4 1の魚に塩・胡椒をふり、オリーブ油を熱したフライパンで強めに焼き色をつける。これを3の鍋に加えて煮込む。魚は強火でしっかりと焼き、魚の生臭みを消す。
5 4の魚に火が通ったら、輪切りにしたイカ、アサリ、ムール貝、グリルしたラングスティーヌを鍋に加えてさっと火を通す。
6 ルイユを作る。ポム・ピューレにすりおろしたにんにくを加え、サフランの抽出液を加えて香りをつける。マヨネーズを練り込んで仕上げる。
7 魚介類を器に盛り、スープを注ぐ。2の野菜をのせ、フレッシュハーブをあしらう。ガーリックトーストとルイユを添えて提供する。

## サーモンのパイ包み焼き アサリのソース
P.111

[材料]（6人分）
パイ包み焼きの具
　[生サケ…300g、帆立貝…5個、塩・胡椒…適量、アスパラガス…10本]
パイ生地（冷凍パイシート）…200g
卵黄…3個分
付け合わせの野菜
　[かぶ、カリフラワー、グリーンアスパラガス、人参、プチトマト、ブロッコリー、ヤングコーン等…各適量]
アサリのソース
　[アサリ…300g、エシャロット（みじん切り）…小さじ1、白ワイン…50cc、フォン・ブラン（P.138参照）…100cc、生クリーム…150cc、シブレット…小さじ1]

[作り方]
1 サケは1cmの厚さに、帆立貝柱は横2枚にスライスし、塩・胡椒をふる。アスパラガスはかために茹で、水気を切る。
2 冷凍パイシートを乾燥しないようにラップなどに包み、冷蔵庫で半解凍させる。完全に解凍すると作業がしにくく、生地もこわれやすくなるので注意する。
3 台とめん棒に軽く手粉をふり、パイシートを2〜3mmの薄さで、25×30cmに伸ばす。この大きさのパイ生地を2枚用意する。
4 P.111の手順を参照して、パイ包みを作る。
5 4を200℃に熱したオーブンに入れ、10分ほど焼く。パイの中のサーモンと帆立貝に火を入れ過ぎないように注意。パイに香ばしい焼き色がついた頃が焼き上がりの目安。
6 アサリのソースを作る。アサリは海水

## グリーンアスパラガスと卵のパルミジャーノ風味
P.112

[材料]（4人分）
グリーンアスパラガス…12本
塩…適量
生ハム…12枚
オリーブ油…適量
全卵…4個
パルミジャーノ…適量
パセリ…適量

[作り方]
1 グリーンアスパラガスは必要に応じて皮をむき、塩を加えた湯でアクが少し残る程度にかためにゆで、すぐに氷水に落として水気を取る。
2 1のグリーンアスパラガスに生ハムを巻きつけ、オリーブ油を熱したフライパンで中火で焼き、表面に軽く焼き色をつける。
3 耐熱の器に2のグリーンアスパラガスを並べ、卵を落とし、すりおろしたパルミジャーノをかける。220℃のオーブンで4〜5分ほど焼き、卵を半熟に仕上げる。
4 オリーブ油をさっとかけ、パセリのみじん切りを散らす。

## アッシェ パルマンティエ
P.113

[材料]（4人分）
ボロネーズ（ミートソース）
　[合挽き肉…300g、人参…1/4本、玉ねぎ…1/4個、セロリ…少量、オリーブ油…適量、にんにく…1かけ、タイム…1枝、ローリエ（ドライ）…1枚、白ワイン…50cc、ホールトマト…1缶（400g）、塩・胡椒…適量]
バター…適量
ポム・ピューレ（P.158参照）…適量
パルミジャーノ…適量

[作り方]
1 ボロネーズを作る。人参、玉ねぎ、セロリをみじん切りにする。これを、オリーブ油を熱した鍋でにんにく、タイム、ローリエとともにしんなりとするまで炒める。合挽き肉を加えてよく炒め、火が通ったら白ワイン、ホールトマトの順に加え、半量ぐらいになるまで煮詰める。塩・胡椒で味をととのえる。
2 耐熱の器にバターを塗り、ポム・ピューレ→ボロネーズ→ポム・ピューレの順に重ねる。
3 すりおろしたパルミジャーノをたっぷりかけ、200℃に温めたオーブンで焼く。

---

程度の塩水で砂抜きをし、よく洗って水気を切っておく。鍋にエシャロット、白ワインを入れ、火にかけてアルコールをとばす。アサリとフォン・ブランを100cc加え、ふたをして蒸し煮にする。

7 アサリの殻が開いたらすぐに火からおろす。煮汁を漉してアサリは殻からはずしむき身にする。
8 煮汁を少し煮詰め、生クリーム150ccを加えて沸騰したところへアサリのむき身とシブレットを加え、味をととのえてソースを仕上げる。
9 付け合わせの野菜を準備する。野菜の下ごしらえは、P.175の「イサキのポワレ　サラダ仕立て　バジルソース」を参照。トマトは食べやすく切る。
10 皿に焼き上げたパイを盛り、付け合わせの野菜を周囲に飾り、アサリのソースを添える。

## デザートビュッフェ
　　　　　　　　P.114

ウエディングケーキ
ガトーショコラ (P.198参照)
キャラメル 2016 (P.201参照)
キャラメル 2016　バージョン ブラン
赤いフルーツのスープ (P.207参照)
メロンのポルトジュレ
わらびもち (P.200参照)
フロマージュブランとベリー ガトーショコラ
クレーム・ブリュレ (P.199参照)
キンカンのジュレ (P.200参照)

## 栗と木の実のタルト
　　　　　　　　P.116

[材料]（6～8人分）
栗の渋皮煮
　[栗…12個、重曹（炭酸水素ナトリウム）…少量、グラニュー糖…500g、ラム酒…100cc]
タルトの詰め物
　[バター…180g、グラニュー糖…150g、全卵…2個、アーモンドプードル…200g、ラム酒…50cc]
冷凍パイシート（タルト生地用）…適量
くるみ…150g
アーモンドスライス…150g

[作り方]
1　P.116の手順を参照して、栗の渋皮煮を作る。
2　タルトの詰め物を作る。室温に戻したバターにグラニュー糖を加えて白っぽくポマード状になるまで混ぜ、卵を加えさらによく混ぜる。ここにアーモンドプードル、ラム酒を加え、なめらかになるまで混ぜ合わせる。
3　タルト用の型に、4mmぐらいの薄さにのばした冷凍パイシートをしく。型の八分目の高さまで2の詰め物を入れ、1の栗の渋皮煮をのせ、上から少し押して平らにする。栗のすき間を埋めるようにくるみをしき詰め、アーモンドスライスをたっぷりと散らす。
4　170℃に熱したオーブンで3を約20分焼き、表面に香ばしく焼き色がついたらアルミホイルをかぶせ、さらに30分焼く。焼き上がったらオーブンから出して冷まし、型から取り出す。

## ガトーショコラ
　　　　　　　　P.117

[材料]（直径24cmのマンケ型1台分）
ガトーショコラの生地
　[卵…4個、グラニュー糖…138g、チョコレート…123g、バター…123g、ココアパウダー…36g]
粉糖…適量
アングレーズソース (P.153参照)…適量
バニラアイスクリーム
　[全卵…10個、グラニュー糖…250g、牛乳…800cc、生クリーム…200cc、バニラ棒…1/2本]
ミント…適量

[作り方]

**ガトーショコラを焼く**

1　卵は卵黄と卵白に分ける。ボウルに卵黄4個を溶きほぐし、グラニュー糖を加えて白っぽくなるまでよく混ぜる。グラニュー糖は、3で使う分を少量残しておく。
2　チョコレートは細かく削ってボウルに入れ、バターを加えて湯煎にかけて溶かし混ぜる。これを1に加えてよく混ぜ合わせる。
3　メレンゲを作る。卵白4個を泡立てる。軽く泡立ち始めたら、1で残したグラニュー糖を加えツノが立つまで泡立てる。
4　2に3のメレンゲを加え、泡をつぶさないようにさっくりと混ぜ合わせ、ココアパウダーを加えて全体をムラなく混ぜ合わせる。
5　型にパラフィン紙をしき、生地を流し、160℃のオーブンで40分ほど焼く。竹串を刺して生地がついてこなければ、焼き上がり。オーブンから出して冷ます。中心が少し落ちて、ひびが入るように仕上がればよい仕上がり。
6　粉糖をふりかける。

### バニラアイスクリームを作る

1 全卵をボウルに入れてグラニュー糖を加え、白っぽくなるまで混ぜる。
2 鍋に牛乳と生クリームを合わせ、バニラ棒も加えて沸かす。これを熱いまま1に加えて素早く混ぜる。
3 2を鍋に移し、もう一度火にかけてとろみが付くまで加熱する。
4 3を冷まして、アイスクリームマシンにかける。

### 盛り付ける

ガトーショコラを切り分け、バニラアイスクリームを添え、アングレソースをかける。ミントをあしらう。

## クレーム・キャラメル
P.118

[材料]（直径18cmのマンケ型1台分）
クレーム・キャラメルの生地
　［全卵…3個、卵黄…2個、グラニュー糖…100g、牛乳…500cc、バニラ棒…1/2本］
キャラメルソース（P.152参照）…適量

[作り方]

1 クレーム・キャラメルの生地を作る。ボウルに全卵、卵黄2個を割りほぐし、グラニュー糖を加えて白っぽくなるまでよく混ぜる。このとき必要以上に泡立てないように注意する。ここで混ぜ方が不充分だとかたまりにくくなったり、仕上がりにグラニュー糖のざらつきが残ったりして、口当たりが悪くなる。
2 別の鍋に牛乳を入れる。バニラ棒は2つに割り、中の粒とサヤを分けて牛乳に入れ火にかける。沸騰したら1のボウルに少しずつ流し入れ、泡立て器でよく混ぜる。
3 キャラメルソースを作り、2をシノワで漉しながら、キャラメルを流し込んだ型に注ぐ。
4 バットに3の型を並べ、熱湯を注いで160℃のオーブンで約30分蒸し焼きにする。時間は目安なので、蒸し上がったかどうかは表面をさわり、手に生地がつかなければよい。粗熱が取れたら、冷蔵庫で冷やす。
5 充分に冷えたら、周囲にナイフを入れ、型に皿をかぶせ、両手で皿と型をしっかり押さえたままひっくり返してあける。

## 紅茶風味の
## クレーム・ブリュレ
P.120

[材料]（6人分）
クレーム・ブリュレの生地
　［卵黄…5個、グラニュー糖…75g、はちみつ…大さじ1弱、生クリーム…500cc、紅茶（アールグレイ）…大さじ1］
カソナード（ブラウンシュガー）…適量
アングレーズソース（P.153参照）…適量
ミント…適量

[作り方]

1 ボウルに卵黄を溶きほぐし、グラニュー糖とはちみつを加えて白っぽくなるまでよく混ぜる。
2 鍋に生クリーム、紅茶を入れて火にかけ、沸騰したら火を止めて少しおく。これを1に加えながらよく混ぜ、目の細かいシノワで漉す。
3 生地を型に流し、湯を張ったバットに入れ、160℃のオーブンで表面を触って液がつかなくなるまで約20分焼く。焼き上がったら冷やす。
4 ハート型をのせて内側にカソナードをふり、バーナーで焼き色をつけ、ハート型にキャラメリゼする。
5 皿に盛り、ミントをあしらい、アングレーズソースをしく。

# 魅了するデザート

## キンカンのジュレ
———— P.122

[材料]（作りやすい量）
キンカン…適量
キンカンのコンフィチュール
　[キンカン…適量、グラニュー糖…キンカンと同じ重量]
キンカンのコンポート
　[キンカン…適量、水…1カップ、グラニュー糖…1カップ、バニラ棒…適量]
ポルト・ブランのジュレ
　[ポルト・ブラン…500cc、ゼラチン…7g、グラニュー糖…100g、ミント…適量]

[作り方]
1. キンカンのコンフィチュールを作る。キンカンの皮をむき、皮を細かく切る。グラニュー糖を加えて煮詰めてジャムにする。
2. キンカンのコンポートを作る。キンカンをいったん茹でてブランシールし、茹でこぼす。水にグラニュー糖を加えて火にかけて溶かし、バニラ棒を加える。そこにキンカンを加え、漬け込んでおく。
3. ポルト・ブランのジュレを作る。ゼラチンを少量の水でふやかしておく。ポルト・ブランにグラニュー糖を加えて沸かし、ミントも入れる。これにふやかしておいたゼラチンを加えて溶かし、いったん漉す。器にゼリー液を流して冷蔵庫で冷やし固める。
4. グラスに、コンフィチュール、ジュレ、コンポート、ジュレ、生のキンカンの順に盛り付ける。最後のジュレの前にミントを加える。

## わらびもち
———— P.123

[材料]（作りやすい量）
わらびもち
　[本わらび粉…25g、和三盆…50g、水…200cc]
キャラメルのアイスクリーム
　[全卵…10個、グラニュー糖…100g、牛乳…800cc、生クリーム…200cc、バニラ棒…1/2本、キャラメル（P.152参照）…250g]
プラリネアーモンド
　[グラニュー糖…150g、アーモンドスライス…100g]
抹茶シロップ（市販品）…適量
アングレーズソース（P.153参照）…適量
きな粉…適量
ミント…適量
※キャラメルはグラニュー糖250gで作る。

[作り方]

### キャラメルのアイスクリームを作る

1. 鍋に牛乳と生クリームを合わせて入れ、バニラ棒も加えて沸かす。
2. キャラメルを作り、1を加えて素早く混ぜる。
3. 全卵をボウルに入れてグラニュー糖を加え、白っぽくなるまで混ぜる。
4. 3に2を加えて鍋に移し、火にかけてとろみが付くまで加熱する。
5. これを冷まし、アイスクリームマシンにかける。

### プラリネアーモンドを用意する

グラニュー糖を加熱し、キャラメル状になり始めたら火を止め、アーモンドを加え、余熱でローストする。その後、麺棒で細かく砕く。

### わらび餅を作る

1. 水に本わらび粉を入れて溶き、和三盆を混ぜる。
2. 火にかける。粉が徐々に透明になり、底の方から次第に固まり出すので、混ぜながら生地が均一になるように練る。
3. バットにあけ、氷水に当てて切り分ける。

### 盛り付ける

1. 冷やした器にわらび餅を入れ、プラリネアーモンドをふる。抹茶シロップ、きな粉、アングレーズソースをかける。
2. 中央にキャラメルのアイスクリームをのせ、ミントを飾る。

## ブランマンジェ
P.124

[材料]（作りやすい量）
ブランマンジェ
　［ココナッツプードル…100g、牛乳…400cc、グラニュー糖…90g、ゼラチン…7g、生クリーム…160g］
ウー・ア・ラ・ネージュ
　［卵白…6個、グラニュー糖…90g、牛乳…少量］
牛乳のシャーベット
　［牛乳…1ℓ、塩…ひとつまみ、シロップ（水とグラニュー糖を1対1の割合で煮溶かしたもの）…200cc］
牛乳のカプチーノソース
　［牛乳…1ℓ、シロップ…200cc］
ホワイトチョコレート（刻んであるもの）…適量

[作り方]

### ブランマンジェを作る

1 ゼラチンを少量の水でふやかしておく。
2 ココナッツプードルと牛乳、グラニュー糖を鍋に入れて沸かす。ここにふやかしたゼラチンを加えて溶かし、氷を入れたボウルに当てて温度を下げる。
3 別のボウルに生クリームを入れて六分立てにし、2のボウルに合わせて混ぜる。
4 ココット型に生地を移して冷やし固める。

### ウー・ア・ラ・ネージュを作る

1 卵白にグラニュー糖を加えながら泡立て、ツノが立ったメレンゲにする。
2 スプーンに取り、牛乳を少々加えて沸かした湯に落とす。途中で裏返して両面を固める。加熱がちょうどよくないと縮むので注意する。

### 牛乳のシャーベットを作る

牛乳にシロップ、ひとつまみの塩を加え、アイスクリームマシンにかける。

### 牛乳のカプチーノソースを作る

牛乳にシロップを加え、ハンドミキサーで泡立てる。

### ホワイトチョコレートのふたを作る

1 刻んであるホワイトチョコレートを湯煎して溶かしテンパリングする。
2 生地を広げると冷めて固まるので、熱したセルクル形で丸く抜く。

### 盛り付ける

冷やし固めたブランマンジェをグラスに入れ、ウー・ア・ラ・ネージュを飾る。牛乳のカプチーノソースをかけてホワイトチョコで作ったふたをかぶせ、牛乳のシャーベットをのせる。

## キャラメル2016
P.125

[材料]（作りやすい量）
キャラメルのコンフィチュール
　［グラニュー糖…100g、はちみつ…100g、塩…2g、生クリーム…500g、バニラ棒…1本］
キャラメルのムース
　［パート・デ・キャラメル（キャラメルクリーム）（グラニュー糖…100g、生クリーム…250g、チョコレート…60g）…350g、生クリーム…70cc、グラニュー糖…30g］
カカオのテュイル
　［牛乳…100g、バター…50g、水あめ…100g、グラニュー糖…300g、カカオプードル…30g、アーモンドスライス…280g］
カカオのシャーベット
　［牛乳…500cc、水…500cc、グラニュー糖…150g、ココアパウダー…80g、チョコレート…200g］
チョコレート…適量
フランボワーズ（フレッシュ）、ブルーベリー（フレッシュ）…各適量
プラリネアーモンド（P.200参照）…適量
ローズマリー…少量

[作り方]

### キャラメルのコンフィチュールを作る

1 キャラメルを作る。鍋にグラニュー糖とはちみつ、塩を入れ、火にかける。
2 キャラメル色になったら生クリームとバニラ棒を加え、火からおろして冷ます。

### キャラメルのムースを作る

1 パート・デ・キャラメル（キャラメルクリーム）を作る。チョコレートは細かく砕いておく。グラニュー糖を熱して濃い茶褐色にし、キャラメルにする（P.152を参照）。生クリームを温め、キャラメルに少しずつ加える。
2 1が温かいうちに砕いたチョコレートを入れて完全に溶かし、なめらかな状態にする。これがパート・デ・キャラメルで、盛り付けでも使うので、余った分はとっておく。

3 生クリームにグラニュー糖を加えて泡立て、2を混ぜる。器に流し入れて冷蔵庫で冷やし固める。

### カカオのテュイルを作る

1 牛乳、バター、水あめを合わせて30℃ほどまで温め、グラニュー糖とカカオプードル、アーモンドスライスを少しずつ加えてとろみがつくまで混ぜる。
2 1をシートに流し、190〜200℃で11〜12分ほど焼く。あとでランダムに割る。

### カカオのシャーベットを作る

1 鍋に牛乳と水、グラニュー糖を入れ、中火で沸かす。ここにココアパウダーも加えてよく混ぜ合わせる。
2 鍋を火からおろし、削ったチョコレートを加え、木べらで混ぜる。これを目の細かいザルで漉し、冷ましてアイスクリームマシンに約20分かける。

### チョコレートのふたを作る

1 チョコレートを刻み、湯煎して溶かしてテンパリングする。
2 生地を広げると冷めて固まるので、熱したセルクル形で丸く抜く。

### 盛り付ける

1 冷やした器に、ムースを作る際にとっておいたパート・ド・キャラメル、キャラメルのコンフィチュール、キャラメルのムース、カットしたフランボワーズとブルーベリー、キャラメルのテュイルの順に盛り、プラリネアーモンドをふり、ミントを添える。
2 ふた代わりのチョコレートをのせ、カカオのシャーベットをのせる。ローズマリーを挿す。

## ショコラドームサプライズ
P.126

[材料]（作りやすい量）
いちご、マンゴー、リンゴ、キウィ、パイナップル…各適量
バニラアイスクリーム（P.199「ガトーショコラ」参照）…適量
フランボワーズのクーリ
　[フランボワーズ（フレッシュ）…1kg、グラニュー糖…200g]
ホワイトチョコレート…適量

[作り方]
1 フルーツをドームに入る大きさにカットする。
2 フランボワーズのクーリを作る。フランボワーズにグラニュー糖を加えて半日ほどマリネしておき、ミキサーにかけて攪拌する。多少粒が残る程度に仕上げる。
3 ホワイトチョコレートのドームを作る。ホワイトチョコレートを湯煎して溶かし、ドーム状の型に流す。1つ当たり10gほどが目安。すぐ固まるので型から抜き、冷蔵庫で冷やしておく。
4 器にカットしたフルーツをおき、バニラアイスクリームをのせる。ホワイトチョコレートのドームをかぶせる。
5 温めたフランボワーズのクーリとともに提供する。

## チョコレートのテリーヌ
P.127

[材料]（8〜10人分）
チョコレートのテリーヌの生地
　[チョコレート…250g、バター…125g、全卵…3個、グラニュー糖…50g]
バニラアイスクリーム（P.199「ガトーショコラ」参照）…適量
キャラメルのアイスクリーム（P.200「わらびもち」参照）…適量
アングレーズソース（P.153参照）…適量
ミント…適量
ローズマリー…適量
プラリネアーモンド（P.200「わらびもち」参照）…適量

[作り方]
1 チョコレート、バターを細かく刻み、65℃くらいの湯煎にかけて溶かす。卵は卵黄と卵白に分ける。
2 卵黄にグラニュー糖25gを加えて泡立て器で混ぜ、湯煎しながら白っぽく、もったりするまで攪拌する。
3 卵白は泡立て器で六分立てにし、グラニュー糖25gを加えてさらに攪拌し、八分立てにする。
4 1で溶かしたチョコレートに、2の卵黄を加え、ゴムベラでよく混ぜ合わせる。さらに3の卵白を加え、均一になるよう混ぜ合わせる。卵白の泡をつぶさないようにざっくりと切るように混ぜる。
5 テリーヌ型に大きめにラップをしき、4を流し込む。余ったラップでふたをするように覆う。冷蔵庫で半日ほど冷やし固める。
6 テリーヌを切り分けて盛り、バニラアイスクリームとキャラメルのアイスクリームをのせ、ミントとローズマリーを添える。アングレーズソースを周囲に流してプラリネアーモンドをふる。

# オペラ

P.128

[材料]（30cm×20cmを1台分）
ジョコンド生地
　（30cm×20cm角を4枚分）
　[小麦粉…50g、粉糖…210g　アーモンドプードル…210g、バター…45g、卵…7個、卵白…260g、グラニュー糖…35g]
ガナッシュクリーム
　[チョコレート…250g、生クリーム…450g]
コーヒー風味のバタークリーム
　[エスプレッソコーヒーの抽出液…150cc、卵黄…100g、水…80cc、グラニュー糖…250g、バター…500g]
コーヒーシロップ
　[エスプレッソコーヒー…300cc、シロップ（水とグラニュー糖を1対1の割合で煮溶かしたもの）…350cc]
グラッサージュ用チョコレート
　[ゼラチン…8g、生クリーム…130g、水…300cc、グラニュー糖…200g、カカオプードル…100g]
キャラメルのアイスクリーム
　（P.200「わらびもち」参照）…適量
プラリネアーモンド
　（P.200「わらびもち」参照）…適量
ミント…適量
粉糖…適量

[作り方]

### ジョコンド生地を焼く

1　小麦粉、粉糖、アーモンドプードルはあらかじめよく混ぜ合わせてふるっておく。
2　バターを湯煎などで溶かしておく。
3　ボウルに卵を割りほぐし1の粉類を加え、全体が白っぽくふんわりとするまで混ぜる。
4　別のボウルでメレンゲを泡立てる。
5　3にメレンゲを加えて混ぜる。
6　3に2の溶かしバターを入れる。
7　全体を混ぜ、シートをしいた型に流し込み、200℃のオーブンで約10〜15分焼く。
8　焼き上がった生地を型からはずし、シートをつけたまま冷ます。

### ガナッシュクリームを作る

1　生クリームを火にかけ、沸騰させる。
2　沸騰したら、すぐに刻んだチョコレートに加えて混ぜる。
3　漉して、バットやボウルに流して冷ます。

### コーヒー風味のバタークリームを作る

1　エスプレッソコーヒーを濃いめに淹れる。
2　卵黄に水とグラニュー糖を250g加えてよく泡立てる。
3　バターを冷蔵庫から出して室温でやわらかくしておき、泡立て器でポマード状にする。
4　2を数回に分けて3に加え、なめらかな状態になるように混ぜ合わせる。
5　4に冷ましたエスプレッソコーヒーを加え、なめらかな状態にする。

### コーヒーシロップを用意する

エスプレッソコーヒーを淹れ、シロップを加える。

### グラッサージュ用チョコレートを作る

1　ゼラチンを水でふやかしておく。
2　その他のグラッサージュの材料を鍋に入れ、泡立てないように混ぜながら沸騰させる。
3　ツヤが出たら火から降ろす。
4　ふやかしたゼラチンを入れ、常温になるまで混ぜながら溶かして漉す。

### オペラを構成する

1　ジョコンド生地を4枚にカットする。
2　ジョコンド生地にコーヒーシロップをたっぷりとしみこませるようにぬる。ガナッシュクリームをぬり、2枚目のジョコンド生地をのせ、コーヒーシロップをぬってコーヒー風味のバタークリームをぬる。
3　2の作業をもう1回繰り返して重ね、8層にする。
4　さらにジョコンド生地を重ね、コーヒー風味のバタークリームをぬり、ラップをかける。生地とクリームがなじむように重石をして冷蔵庫で冷やす。
5　4を取り出し、全体をグラッサージュ用チョコレートで覆い、冷蔵庫で冷やす。

### 盛り付ける

オペラをカットして皿に盛り、プラリネアーモンドをふり、ミントを飾る。粉糖をかけ、最後にキャラメルのアイスクリームをオペラに重ねて盛る。

## ムースショコラ ソルベ レ カプチーノ仕立て
P.129

[材料]（作りやすい量）
ムースショコラの生地
　[チョコレート…123g、全卵…4個、グラニュー糖…138g、バター…123g]
アングレーズソース（P.153参照）…適量
牛乳のシャーベット
　（P.201「ブランマンジェ」参照）…適量
プラリネアーモンド（P.200「わらびもち」参照）…適量
ローズマリー…少量
ミント…少量
粉糖…適量
牛乳のカプチーノソース（P.201「ブランマンジェ」参照）…適量

[作り方]
1 ムースショコラを焼く。ボウルに卵黄4個を溶きほぐし、グラニュー糖を加えて白っぽくなるまでよく混ぜる。
2 チョコレートは細かく削ってボウルに入れ、バターを加えて湯煎にかけて溶かし混ぜる。これを1に加えてよく混ぜ合わせる。
3 メレンゲを作る。卵白4個を泡立てる。軽く泡立ち始めたら、グラニュー糖を少々加えピンとツノが立つまで泡立てる。
4 2に3のメレンゲを加え、泡をつぶさないようにさっくりと混ぜ合わせる。
5 型にシートをしき、生地を流し、160℃のオーブンで15分ほど焼く。
6 焼いたムースショコラはラップに包み、冷蔵庫に入れて冷やしておく。
7 冷やしたショコラを3枚盛り、プラリネアーモンドをふり、ローズマリーとミントを添える。粉糖をふる。
8 牛乳のシャーベットをのせ、牛乳のカプチーノソースをハンドミキサーで泡立ててかける。

## プロフィトロール
P.130

[材料]（作りやすい量）
プロフィトロール
　[牛乳…250cc、水…250cc、塩…5g、グラニュー糖…5g、バター…225g、小麦粉…300g、全卵…8個（400～500g）]
カスタードクリーム
　[牛乳…500cc、バニラ棒…1本、卵黄…150g、グラニュー糖…125g、小麦粉…40g、バター…25g、ラム酒…適量]
バニラアイスクリーム
　（P.199「ガトーショコラ」参照）…適量
キャラメルのアイスクリーム
　（P.200「わらびもち」参照）…適量
カカオのシャーベット
　（P.201「キャラメル2016」参照）…適量
アングレーズソース（P.153参照）…適量
チョコレートソース
　[チョコレート…適量]
プラリネアーモンド
　（P.200「わらびもち」参照）…適量
ミント…適量

[作り方]

### プロフィトロールを焼く
1 鍋に牛乳、水、グラニュー糖、バターを入れ火にかける。沸騰したら小麦粉を一度に加え、木べらでよく混ぜて練り合わせる。手順はP.156の「グージェール」を参照。
2 卵を1個ずつ加えながら、なめらかになるまでよく混ぜる。これを絞り袋に入れ、オーブン用シートをしいた天板に絞り出す。指に水をつけて生地の頭のとがった部分を丸め、200℃に熱したオーブンで約15分焼く。

### カスタードクリームを作る
1 牛乳にバニラ棒を入れて沸騰させておく。
2 ボウルに卵黄を入れ、グラニュー糖を加えて白っぽくなるまで混ぜ、ふるった小麦粉と1の牛乳を加える。混ぜながら鍋に移し中火で加熱する。途中、木べらで絶えずかきまぜて鍋底が焦げないようにする。
3 中心に大きな泡がぶっくりと出始めたら火からおろし、バットにあけて表面にバターをぬって冷ます。冷めたら、ラム酒を少量加える。

### チョコレートソースを作る
チョコレートを刻み、湯煎して溶かす。

### 盛り付ける
1 プロフィトロールにカスタードクリームを挟む。
2 バニラアイスクリーム、キャラメルとカカオのアイスクリームをのせ、ミントを飾り、プラリネアーモンドをふる。アングレーズソースとチョコレートソースをかける。

# プティフール

P.131

[材料]（作りやすい量）

チョコトリュフ　ガナッシュ
　[チョコレート…1kg、生クリーム…1ℓ、グラニュー糖…260g、カカオプードル…適量]

抹茶のトリュフ　ガナッシュ
　[ホワイトチョコレート…1150g、生クリーム…400g、抹茶シロップ（市販品）…100g、抹茶…5g]

ダックワーズ
　[卵白…158g、グラニュー糖…45g、アーモンドプードル…113g、粉糖…68g]

バターアーモンドクリーム
　[バター…250g、卵白…60g、グラニュー糖…120g、プラリネアーモンド（P.200「わらびもち」参照）…120g]

クロカンダンテール
　[バター…360g、グラニュー糖…600g、小麦粉…150g、オレンジジュース…オレンジ1個分]

オレンジとグレープフルーツのピール
　[オレンジの皮…適量、グレープフルーツの皮…適量、グラニュー糖…オレンジの皮やグレープフルーツの皮と各等量、白ワイン…少量、レモン汁…少量]

はちみつのフィナンシェ
　[バター…320g、卵白…248g、粉糖…248g、はちみつ…100g、アーモンドプードル…140g、小麦粉…85g]

[作り方]

### チョコトリュフ　ガナッシュを作る

1　チョコレートを細かく砕いておく。
2　生クリーム、グラニュー糖を沸騰させ、1に入れて混ぜ合わせ、チョコレートを溶かす。
3　冷凍庫でカチカチになるまで冷凍する。
4　カカオプードルを入れたバットを用意し、3のチョコレートを丸くくり抜いてバットに入れ、中でころがす。

### 抹茶のトリュフ　ガナッシュを作る

1　細かく砕いたホワイトチョコレートを用意する。
2　生クリームを沸かし、抹茶シロップを加える。
3　2に1のホワイトチョコレートを入れ、泡立器で混ぜて溶かす。
4　冷凍庫でカチカチになるまで冷凍する。
5　抹茶を入れたバットを用意し、4のチョコレートを丸くくり抜いて入れて中でころがす。

### ダックワーズを焼く

1　ボウルに卵白を入れ、湯煎にかけて人肌に温め、湯煎からはずして軽く泡立てる。
2　グラニュー糖を2〜3回に分けて加えながら、卵白をツノが立つまでしっかり泡立てる。
3　ふるっておいたアーモンドプードルを加え、メレンゲの泡をつぶさないようにさっくりと混ぜ合わせる。
4　生地を平らにし、型で抜く。2枚1組にするので偶数にする。
5　200℃のオーブンで約13分間焼く。
6　焼き上がったら粉糖をふる。

### バターアーモンドクリームを作る

1　バターを室温に戻し、白っぽくなるまで泡立てる。
2　卵白にグラニュー糖を加えて泡立ててメレンゲを作る。
3　1に2のメレンゲを数回に分けながら加えてよく泡立てる。
4　プラリネアーモンドを数回に分けて混ぜる。

### クロカンダンテールを焼く

1　バターを室温に戻し、ミキサーでポマード状にし、グラニュー糖を加えてよく混ぜる。
2　小麦粉を加え、ミキサーを低速にして混ぜる。中速に切り換えて混ぜ、オレンジジュースを混ぜる。
3　オーブンシートをしき、スプーンで2の生地をすくって落とし、指で薄く広げる。250℃のオーブンで約2分半焼く。温かいうちに筒状のものの上で生地を丸めて形づくる。

### オレンジとグレープフルーツのピールを用意する

1　細長く切ったオレンジの皮を水から煮て3〜4回ブランシールする。
2　別の鍋に入れて皮と同量のグラニュー糖、白ワインとレモン汁を加え、ゆっくりと煮る。
3　煮詰まったら水気を切り、グラニュー糖（分量外）をまぶす。グレープフルーツも同様にして仕込む。

### はちみつのフィナンシェを焼く

1　焦がしバターを作る。鍋にバターを入れて強火にかけ、泡立ってきたら木べらで混ぜ続ける。
2　バターが濃いきつね色になったら、ボウルを素早く冷水につけて冷ます。
3　別のボウルを用意し、卵白を軽く泡立て、粉糖を数回に分けて加えながら六分立てにする。
4　3にはちみつ、アーモンドプードルを加えてよく混ぜる。
5　冷ましておいた焦がしバターを加えて、生地を軽く混ぜる。
6　ふるっておいた小麦粉を加え、生地を練らないようにしながらさっくりと混ぜる。
7　ラップをして冷蔵庫で1時間ほど休ませる。
8　生地を絞り袋に入れ、バター（分量外）をぬったシリコン製の型に絞り出す。
9　190℃のオーブンで約20分間焼く。

### 盛り付ける

2人分を、ほどよい空間を取り入れながら盛り付ける。

魅了するデザート

## 桃のロースト アイスクリーム添え　P.132

[材料]（4人分）
桃…2個
バター…大さじ4
はちみつ…大さじ4
バニラ棒…4本
サバイヨンソース（P.153参照）…適量
バニラアイスクリーム
　（P.199「ガトーショコラ」参照）…適量
ラム酒漬けレーズン…適量
ミント…適量

[作り方]
1 桃の皮をむき、種を取って2等分にする。
2 天板に桃を置き、バター、はちみつ、バニラ棒をそれぞれの桃にのせ、200℃に温めたオーブンで約7分間ローストする。
3 皿にサバイヨンソースをしき、バーナーで表面を焦がす。ここに2のローストした桃をのせ、天板に残った汁をかける。バニラアイスクリームを盛り、ラム酒漬けレーズン、ミント、バニラ棒を飾る。

## グラタン・オ・フレーズ　P.133

[材料]（4人分）
ココナッツのシャーベット
　［ココナッツミルク…400g、アングレーズソース（P.153参照）…200cc、シロップ（水とグラニュー糖を1対1の割合で煮溶かしたもの）…160cc、牛乳…400cc］
いちご…適量
グラニュー糖…適量
生クリーム入りのサバイヨンソース
　［卵黄…4個、グラニュー糖…40g、いちごのリキュール…適量、生クリーム…100cc］
ミント…適量

[作り方]
1 ココナッツのシャーベットを作る。材料をよく混ぜ合わせてアイスクリームマシンにかける。アイスクリームマシンがない場合は、混ぜた材料を冷凍庫に入れ、途中で何回かかき混ぜながら凍らせる。
2 いちごは縦に4つに切り、グラニュー糖をふっておく。
3 生クリーム入りのサバイヨンソースを作る。ボウルに卵黄とグラニュー糖を入れて湯煎にかけ、泡立て器でよく混ぜる（P.153参照）。全体がふんわりとして白っぽくなったら湯煎からはずし、いちごのリキュールを加えて冷ます。生クリームを六分立てにして加えてざっくりと混ぜ合わせる。
4 器にココナッツのシャーベットを盛り、2のいちごとミントをのせる。3をかけ、表面に粉砂糖をふる。
5 表面にバーナーで焼き色をつける。

## プラムの赤ワイン煮　P.134

[材料]（4人分）
干しプルーン（あればジャンボプルーン）
　…16個
赤ワイン煮の材料
　［グラニュー糖…125g、オレンジ（スライス）…3枚、レモン（スライス）…3枚、シナモンスティック…1本、ミント…少量、赤ワイン…375cc、水…125cc］

[作り方]
1 プルーンは半日ほど水につけて戻す。
2 鍋にグラニュー糖、オレンジスライス、レモンスライス、ミント、赤ワイン、水を全て加え、軽く混ぜてグラニュー糖を溶かす。
3 2の鍋に戻した1のプルーンを入れて火にかける。沸騰したら火を弱めて15分ほど煮る。プルーンがぷっくりと大きく膨れてきたら火からおろし、粗熱が取れたら冷蔵庫で冷やす。
4 深めの皿にプルーンを盛り、煮汁を注ぐ。
※ 好みで、バニラアイスクリームを添えたり、ミントや煮込みに使ったシナモンを細く割いてあしらう。

## フルーツのスープ
P.135

[材料]（10人分）
スープのベース
　[赤ワイン…750cc、ミント…適量、シナモンスティック…1本、グラニュー糖…150g、水…200cc、レモン（スライス）…3枚]
スープに入れるフルーツ
　[オレンジ、グレープフルーツ、パイナップル、いちご、ブルーベリー、ラズベリー…各適量]
ミント…適量

[作り方]
1　鍋にスープのベースの材料を入れて火にかけ、沸騰したところで火からおろす。
2　オレンジ、グレープフルーツ、パイナップルは皮をむき、食べやすい大きさにカットし、器に入れる。いちごもカットして加える。ブルーベリー、ラズベリーはそのまま入れる。
3　2の器に熱した1を注ぐ。粗熱が取れたら冷蔵庫で冷やす。
4　器にスープを盛る。ミント、シナモンスティックをあしらう。

## りんごのパートフィロ包みアイスクリーム添え
P.136

[材料]（4人分）
りんご煮
　[りんご…2〜3個、白ワイン…250cc、水…75cc、グラニュー糖…50g、ミント…少量、シナモンスティック…1本、レモン（スライス）…2枚]
バター…大さじ2
はちみつ…大さじ3
グラニュー糖…大さじ2
シナモンパウダー…少量
パートフィロ…4枚
スポンジ生地…適量
溶かしバター…適量
粉糖…適量
バニラアイスクリーム
　（P.199「ガトーショコラ」参照）…適量
プラリネアーモンド
　（P.200「わらびもち」参照）…適量

[作り方]
1　P.136を参照してりんご煮を作る。
2　パートフィロでりんご煮を包む。パートフィロは30cm四方になるように端を切り落とす。中央に切り落としたものをたたんで置き、りんご煮をのせる部分を三重にする。ここにスポンジ生地を置き、りんご煮をのせる。
3　広げたパートフィロに溶かしバターをハケで塗り、りんごをふんわりと包む。全体に溶かしバターを塗り、180℃のオーブンで焼き上げる。
4　焼けたら粉糖をふりかけ、バニラアイスクリームとともに皿に盛り、周囲にプラリネアーモンドをふる。アングレーズソースをかけてもおいしい。

## バナナのムース
P.137

[材料]（8人分）
バナナ…2本
ホワイトチョコレート…80g
生クリーム…200cc
いちごのクーリ
　[いちご…1/2カップ、グラニュー糖…40g]
ミント…適量

[作り方]
1　ホワイトチョコレートを細かく刻み、湯煎にかけて溶かしておく。
2　バナナをフードプロセッサーにかけてピュレ状にする。そこに1の溶かしたホワイトチョコレートを加え、さらにフードプロセッサーで撹拌する。
3　生クリームを七分立てにし、2を加え、ゴムベラなどで切るように合わせる。この段階で生地が少しゆるいようであれば、強めに混ぜ合わせ、七〜八分立てぐらいの固さに仕上げる。
4　型に3を流し込み、冷蔵庫で半日ぐらいねかせる。
5　いちごのクーリを作る。いちごにグラニュー糖をまぶし半日くらいマリネする。これをミキサーにかける。
6　皿にムースを盛り付け、いちごのクーリをかける。ミントをあしらう。

［店紹介］

Restaurant REIMS YANAGIDATE（ランス ヤナギダテ）
住　　所　東京都港区北青山 3-10-13
電　　話　03-3407-3538
営業時間　12：00 － 14：00（L.O.）
　　　　　18：00 － 21：00（L.O.）
定 休 日　月曜日
URL：http://www.reims.co.jp

Le REMOIS（ル・レモア）
住　　所　東京都千代田区丸の内 1-5-1 新丸ビル 5F
電　　話　03-5224-8771
営業時間　平日 11：00 － 23：00（LO22：00）
　　　　　日曜・祝日 11：00 － 22：00（LO21：00）
定 休 日　基本的に無休

UT cafe BERTHOLLET Rouge（ユーティー・カフェ・ベルトレ・ルージュ）
住　　所　東京都文京区本郷 7-3-1
　　　　　東京大学大学院 情報学環・福武ホール
電　　話　03-5841-0211
営業時間　10：00 － 20：00
定 休 日　日曜日・祝日

- 制　作：土田　治
- 編集・取材：城所範子
- 撮　影：後藤弘行
- アートディレクション：國廣正昭
- デザイン：佐藤暢美　柳澤由季恵

※本書は「最新フランス料理」（柳舘功著）をベースに、新たに撮影した料理を加えて「最新フランス料理・新装増補版」として1冊にまとめたものです。

日常の料理から本格派まで
最新フランス料理　新装増補版

2016年7月9日　初版発行

著　者　柳舘　功（やなぎだて いさお）
発行人　早嶋　茂
制作代表　永瀬正人
発行所　株式会社 旭屋出版
　　　　〒107-0052
　　　　東京都港区赤坂 1-7-19 キャピタル赤坂ビル 8F
　　　　電　話　03-3560-9065（販売）
　　　　　　　　03-3560-9066（編集）
　　　　ＦＡＸ　03-3560-9071
　　　　郵便振替　00150-1-19572
　　　　旭屋出版ホームページ URL
　　　　http://www.asahiya-jp.com

印刷・製本　凸版印刷株式会社

許可なく転載・複写ならびに web 上での使用を禁じます。
※落丁、乱丁本はお取り替えいたします。

© I.Yanagidate/Asahiya Shuppan,2016
ISBN978-4-7511-1209-0